シリーズ・ケースで読み解く経営学 1

ゼロからの経営戦略

沼上 幹［著］

ミネルヴァ書房

はじめに

現実の企業に関するケースを読み解きながら、経営戦略の基本概念とその使い方を学び、その上、社会科学の面白さが伝わるような本を書きたい。少し欲張りだが、本書はそのような本を目指している。もう少し具体的にイメージを伝えるなら、近年の企業が展開する経営戦略の事例を取り上げて解説・考察をし、それを気軽に読んでもらって、後から考えると社会科学的な思考の面白さがわかってくる、ということを目指している。本書に登場する企業は比較的身近なものが多いはずである。日頃、消費者として関わっているところから、ほんの少し理屈を考える姿勢へとシフトして、経営戦略の議論を楽しみながら、思考力を鍛えてほしい。そのための本である。

日本ほどの経済規模をもった社会では、企業との関わりなしに生きている人はほとんどいない。多くの人が企業に勤務しているし、独立事業主や公務員であっても、少なくとも顧客として商品を購入することで、企業活動の恩恵を受けている。しかしながら、企業経営について語る「ことば」やフレームワークが人々の間に普及しているとは必ずしも言えない。大変残念なことに、経営学や経営戦略論を学んだ上で会社員になる人は、まだ十分な数ではない。

あなたが会社員であれば、毎日企業の活動に関わっていて、トップが考えた経営戦略の方向に従って仕事を遂行しているだろう。それなのに、「経営戦略とは何か」「経営とは何か」ということについて十分な知識がないままに過ごすのは少し寂しい。いや、もう少し積極的に言うなら、せっかく日々の経験に経営現象があふれているのだから、それを基盤として社会科学的な思考法を鍛錬していく生き方をした方が、ずっと知的に充実した日々を送ることができる。そうやって思考力を高めることで、周りの状況に流されていく生き方から、自らイニシアティブをとって新しいリアリティを創造していく生き方に変えていくことも可能である。知は力なりである。

「経営なんて、本を読んで学ぶことではない。実践あるのみだ」という人もいる。しかし、われわれ経営学者からすると、実践を通じた学習は不可欠な要素であるが、それだけでは他の業界に転職したり、異動したり、事業環境が変わったりといった変化に対応できない。現代日本が直面しているように、成長事業が次々と成熟し、新しい事業へと転換しなければならない企業社会を生き抜くには、やはり一般性の高い、標準化された言語体系（経営学）を学んでおいた方がよい。その方がさまざまな経験を体系的に整理して、偏りの少ない学習を積み上げ、主体的に世界に関与していく基盤を形成しやすいはずである。

本書はそのための第一歩という位置づけで書かれている。ただし、初めにことばを羅列して覚えていくのでは、さすがに退屈になってしまう。イギリスの科学者・哲学者であるホワイトヘッドが言うように、何かを学ぶにはまず初めにロマンスが必要である。これを学ぶと何が見えてくるのかということがわかるのでなければ、誰も苦労して何かを学び始めようとはしない。それ故、本書では需要量と供給量を一致させるとか、ビジネス・モデル、ニッチャー、経営資源、イノベーションのジレンマなど、主要なテーマごとに事例を紹介し、その事例の記述の中で標準的な経営戦略の概念とフレームワークを活用していくというスタイルをとっている。

例えば、需要量と供給量を一致させるという、経営の基本中の基本については、すかいら一くの店舗再編の事例が対応している（→第1章）。郊外のロードサイドを訪れる「ファミリー」が少なくなったのだから、ロードサイドの店を閉め、逆に都心部へ回帰している高齢者向けの供給を増やす、という事例が紹介される。一見、基本中の基本のように見えながら、その実、自分でやろうとすると、ロードサイドから撤退した後に他社が進出してくるのではないかという恐怖に襲われるから、この決断はそう簡単にはできない。そのような意思決定の感情の部分まで、理解できるように説明することを本書では心がけている。

ビジネス・モデルの違いについても、一見似ているように見えるラーメン・チェーンの幸楽苑と日高屋の比較から、できるだけ分かりやすく解説したつもりである（↓第3章）。幸楽苑は高品質の共通食材を大量に生産して販売するという「製造直販業」を目指しているのに対して、日高屋は、かつて屋台に立ち寄っていた顧客たちのニーズを追いかけて、営業時間を長くし、また客単価を高くする、という方向を目指している。同じラーメン・チェーンのように見えて、その利益の源泉の作り方はまったく異なる。そこにビジネス・モデルの違いを鮮明に読み解くことができるはずである。

この他にも多数の概念が本書では登場する。読者は、事例を読み解きながら、どのような概念で何を捉えているのかを学び、経営戦略論を学ぶことで何が見えてくるのかを理解できるようになるはずである。本書を読んで即座に経営学のフレームワークを駆使できるようにはならないかもしれないが、本書をきっかけとして次のステップに進もうという気持ちになる人が出てくることを祈っている。

目次

目次

第3章 個人事業主から「経営者」に脱皮する

第4章 先手を取り、進化を続ける

第7章 経営資源を何に投じるか

ケース9 富士フイルムの事例

序章

これからの時代に「戦略的思考法」は強力な武器になる

1

航海の道筋を教えてくれる「羅針盤」を手に入れよう

現代のビジネス環境について述べるとき、人々はよく「不確実性の高い時代になったので、これからのビジネスは大変だ」という言い方をする。「不確実性の高い時代」とはよく使われる言い回しだが、「不確実性とは具体的にはどういうことか？」について、十分にイメージできている人は多くはない。

もちろん不確実性という言葉の意味は即座に答えられる人が多いであろう。事前には予想もしていなかった事象が起こること。これである。

もう少し先に進んで、不確実性には2種類あるというところまではすでに知っている人もいるかもしれない。一つは**「自然の不確実性」**であり、もう一つは**「人々が相手を出し抜こうとして行動するが故に発生する不確実性」**である。例えば、今年が暖冬になるかどうかを予想できないというのが前者であり、こちらが価格を下げたら相手も追随するかどうかがわからないというのが後者である。

今日、多くの人がビジネスの世界で語る不確実性は、後者、すなわち人々が自らの意思でよかれと思って行為を組み立て、その人々の行為が合成された結果として、事前に予想できないことが起こるということである。この場合の不確実性――ビジネス環境において何が起きるかを予測しづらい最大の原因は、**「世の中には、自分の視野の外側に自分と異なる意思を持つ人間がいる」**ということである。自分と同じような思考力を持つ人、あるいはより高いレベルの人間が自分の視野の外にいて、新しい機能を持つ製品を作ったり、より使いやすいサービスを考えたりしている。その事業のネタがさまざまな人とつながり、発展し、あるとき突然影響力を持つビジネスとして、世の中に立ち現れる。そのビジネスが市場を席巻し始め、自社のビジネスを脅かす。それ故に、われわれは常に「不確実性」に直面するのである。つまり、不確実性は、①自分の視野の外にそれぞれに努力している人がいるということ、また、②その人の活動が自分にも影響があるように社会システムが結びついている、ということから発生するのである。

このような意味での不確実性が現代社会で高まってきているのは、自分の視野の外にいるのに、自分とは関係ないわけではなく、自分に影響を及ぼしてくる人々が増えてきたからである。インターネットの時代になり、また物流網のスピードアップによって、世界の人々が緊密に結びつけられるようになった。製品の設計や生産に多様な会社を活用できるようになったから、昨日まで視野に入っていなかった人が、驚くほどのスピードで製品を発売できるビジネス環境が整い、その商品情報があっという間に世界を飛び回る時代がやってきた。われわれもインターネットのおかげで情報をスピーディに入手できるから、そのぶんだけ知恵も回るようになっているのだが、それ以上のスピードでわれわれの視野の外にいる自律的な意思を持つ人間が増え、われわれの運命に影響を及ぼすようになってきたのである。

一人の若者のアイデアが大企業を脅かす時代

わかりやすい例をあげよう。２００２年の米国カリフォルニア州サンマテオで、ニコラス・ウッドマンという20代の若者がWoodman Labs社（現GoPro）を設立した。起業のアイデアは、彼が大好きなサーフィンをしているときに生まれた。仲間が腕にくくり付けたカメラで苦心して波に乗る姿を「自撮り」しているのを見て、「サーフィンをしている自分をカッコよく撮りたい」というニーズがあると気がついたのである。

ウッドマンは起業し、身体や用具に小型カメラを装着して、臨場感あふれる動画を撮影する「アクション・カメラ」を開発した。これにサーフィンだけでなく、スキーやバイクなどあらゆるスポーツ愛好家が熱狂した。ちょうど「YouTube」などの動画投稿サイトが普及したころで、人々はGoProのアクション・カメラで自撮りした動画をソーシャルメディアに競うように投稿し、カメラの魅力を広めてくれた（GoProは投稿者の動画を自社のプロモーションに使うなど、この良循環をうまく利用している）。

２００６年にカメラをデジタル化し、２００９年ごろから販売台数が拡大。２０１４年には世界のビデオカメラ市場でトップだったソニーを抜いて、約42％のシェアを占める。現在、ソニーやパナソニックなどがアクション・カメラの開発に乗り出し、アクション・カメラ市場の成熟化もあって、GoProの売上高も急速に低下しつつある。しかし重要なポイントは、まさか突然、米西海岸で一人の若者がサーフィン中に思いついたアイデアが、こんなにも早く自分たちを脅かすことになるとは大手ビデオ・カメラメーカーの人々が予想していなかっただろう、ということである。

現代における不確実性の高まりについて、理解できただろうか。ウッドマンのアイデアがあっという間に製品化され、世界に広まったのは、デジタル化が進んで大規模な生産設備を持たなくても、汎用部品で「ものづくり」ができるようになったという背景がある。また、物流網のスピードアップとインターネットでの情報共有が、それを後押ししたのである。

日本企業に特化して言えば、近くにいる競争相手のレベルが上がったことも、不確実性を高める要因になっている。中韓台の企業の実力が飛躍的に伸び、いまやインドも含めて、日本企業を脅かすビジネスがどの国から立ち上がってきてもおかしくはない。かつて名門と謳《うた》われた大手企業の経営危機が連日マスコミをにぎわせており、ブランド力がある大企業であっても、安泰とは言い切れない。放っておけば多くの企業が、国内の需要減少と海外の厳しい競争に耐えられず、徐々に衰退していくだろう。まさに「不確実性の時代」なのである。果たして、このような時代を生き延びるための武器は何なのだろうか。

筆者の考えでは、その武器とは、「戦略」を考える思考力である。

ここでいう「戦略」にはさまざまな定義があるが、簡単な言い方をすれば、自分が将来達成したいと思っている**「あるべき姿」**を描き、それを達成する上で関連する**環境（周りの状況）**を分析し、自分が持っている**経営資源（能力）**を意識しながら、背後のメカニズムを解明し、「あるべき姿」に到達する**シナリオ**を描くことである。その際に特に重要なのは、どこに努力を集中すれば、自分の努力が生み出す成果が最大化され、「あるべき姿」にうまくたどり着けるかを示すことである。初めに苦労して集中的に努力すると、その後、テコの効果を利用しているかのように、あるいは徐々に**良循環の環**《わ》が回って、自然な流れとして自分の目指す姿が実現されていくように工夫するのである。

会社で働くすべての人に「戦略」は役に立つ

筆者は経営戦略論が専門なので、本書では企業経営に関する戦略について解説を加えていく。企業の戦略というのは、経営者層を目指す人々が考えなければならないことは言うまでもないが、企業の中で働いているすべての人々にとっても自分で考えてみる意義があるものである。自分の努力が最大の成果を生み出せるように、という意味でも戦略的思考は役に立つと思われるが、経営者層のような一段あるいは二段上のレベルの人の立場に立って会社の戦略や事業部の戦略を考えてみると、今自分が直面している仕事の意義がわかりやすくなるというメリットもある。

その意味では、戦略を考えることは会社で働いているすべての人にとって報われる知的作業なのである。また、この思考法が身につけば、企業内の仕事ばかりでなく、何らかの目標を持って生きるあらゆる人がメリットを享受できるはずである。例えば、ボランタリー組織を運営したり、あるいはもっと身近な例で言えば、資格試験の受験勉強をしたり、就職活動・転職活動をうまく進めたり、家計のやりくりを考えたりなどなど、さまざまな局面で役に立つはずである。

もちろん、どれほど考え抜いても、われわれの視野の外にある行為者のすべてを捉えきれないから、われわれは不確実性から完全に自由にはなれない。しかし、少しでも世界を自分たちの視野の内側に捉え、そこに登場する人々の意思を読み解き、その人々の相互作用のダイナミクスを読み解くことで、われわれは人々の意思と相互作用から発生する不確実性に対処しやすくなる。あるいは事前に対処できなくても、事後的な対処が的確になる。

次章からは、筆者が最近注目している企業経営者の戦略をケースとして取り上げて、その戦略について考察を進めていく。古典的な教科書で言えば、競争戦略や全社戦略など、既存の理論体系に即して理論的な解説を加え、それぞれに合ったケースを紹介していくというスタイルをとるのだろうが、ここではむしろケースを中心にして、それぞれのケースから学べるテーマを絞り込んでいく方法をとっている。経営戦略を組み立てる上で基本となる**「市場のつかみ方」**から始まり、**「成長シナリオの組み立て方」「経営資源」「ニッチ戦略」「業界を**

取り巻く環境」「イノベーション」というテーマへと進んでいく。理論を出発点とするのではなく、ケースを手がかりとして戦略的思考を学び取っていく方が向いている人も多いのではないか。そのような考えで、この構成をとることにした。

2 常識を疑い、考え抜くクセをつける

戦略を立てるというのは、シナリオを描くことである。しかも、何かに焦点を絞って努力を集中して、良循環の環を回し、できるだけ自然に「あるべき姿」へと至る流れを創《つく》れるように考えることである。このような戦略を考えるためには、重要な注意点が2つある。一つは、人が先入観で「常識」だと思っていることを疑って、**考え抜くクセ**をつけることである。もう一つは、目の前で起きている事象の表層にとらわれることなく、その**「背景にあるメカニズム」**を掘り下げて考えることである。具体的なイメージがわくように、ここで一人の経営者を取り上げたい。

小倉昌男[★1]。皆さんの身近にある「クロネコヤマトの宅急便」の生みの親である。

1971年に父親の跡を継いで大和運輸という運輸会社の社長となった小倉は、その5年後の76年に宅配便ビジネスをスタートした。2代目の跡継ぎではあったが、この宅配便ビジ

ネスへの進出は簡単に進められたわけではない。小倉のアイデアは、役員会で役員全員の反対にあったのである。当時、大和運輸の行っていた三越の商品を顧客に配送する業務が赤字であること、宅配便ビジネスはこの百貨店配送業務とほとんど同じか、あるいはかえって条件が悪い事業だ、というのが反対の理由だった。

実際、高度成長期には三越から配送する荷物の数は年々増えていたのに、利益は低迷しており、第一次オイルショック（1973〜74年）の際には大赤字となった。この業績を見て役員たちは、「そもそも百貨店の配送はもうからないビジネスである。同じような配送業務で、さらに個人からの集荷まで請け負う宅配便ビジネスなど、もうかるわけがない」と強硬に主張した。それに対して小倉は、他の役員たちが常識として主張するものを疑い、なぜ百貨店の配送業務がもうかっていないのか、その背景にあるメカニズムを明らかにした。

百貨店の配送は、お中元・お歳暮シーズンになると荷物が通常の量の7〜8倍になり、繁閑ギャップが大きい。そこでかつては、繁忙期になると空き地や空き倉庫を借りて臨時の配送センターを建設し、アルバイトを増やして貸自転車を借りて、ピーク時の荷物量に対応していた。自社設備などなく、借り物が多かったから、当時は固定費が低い構造であり、平月にはそれほど利益は出なくても、ピーク時に大きな利益を稼ぐ事業だったのである。しかし、

★1――1924〜2005年。東京都生まれ。1948年に大和運輸（現・ヤマトホールディングス）に入社。同社代表取締役社長、代表取締役会長等を歴任。

高度成長はこのビジネスの構造を変えてしまう。高度成長はお中元・お歳暮の荷物量を増やすというメリットはあったものの、同時に世の中の空き地を減らすことにもなった。経済成長に伴い、空き地に工場やビルが建つようになったのである。荷物が増えて空き地がないのだから、配送センターなどの設備は常時自社で抱える必要が出てくる。自社設備を持つことで固定費が増えて、**損益分岐点**★2が上がる。さらにアルバイトの人件費や貸自転車の料金も上がり、コストがかさむようになる。繁閑ギャップが7〜8倍もあるのに自社設備を抱えれば、平月の自社設備は非常に低い稼働率になる。その結果、平月が赤字でお中元・お歳暮シーズンに利益を出して通年でやっと黒字を確保するという程度の低収益事業になったのである。このような状況で固定設備を抱えたのちに、オイルショックがやってきた。ピーク時の需要も減り、赤字事業に転落したのである。

これが、百貨店の配送がもうからないメカニズムである。しかし宅配便ビジネスは百貨店配送業務とは異なる。

まず、「宅急便」の場合は季節ごとの荷物の量の変動が百貨店配送業務よりも少なく、繁忙期と閑散期の差は2〜3倍である。これくらいの差であれば、普段から自社で設備や雇用を抱えても、オフピーク時にも3〜4割の稼働率が見込めて、固定費が無駄にならない。また、百貨店では荷物1個につき120〜150円しか配送料を取れないが、「宅急便」は500円の料金を取れる。表層的に見れば同じ「配送業務」のようであっても、「宅急便」

と百貨店配送業務は全く異なる事業なのである。

小倉と他の役員との思考法の違いに注目してみてほしい。役員が「宅急便」に反対したのは、百貨店配送という、一見同じカテゴリーに入るビジネスが失敗しているからである。しかし、一見同じように見えるという「常識」は、ビジネスの構造という深層のレベルまで考え抜くと間違っている可能性がある。そこまで考え抜いているから、小倉は大きなジャンプをすることができたのだろう。

宅配便という、まだ誰も成功していないビジネスに初めて挑むのだから、経営者自身も恐怖心と戦わなければいけない。そのとき支えとなるのは「背後で何が起きているのか」を考え抜き、自らを納得させながら作り上げた「だからこうなる」という論理である。反対されても相手と自分を徹底的に説得できるだけの強い論理があれば、迷いや不安を乗り越えて大きな決断ができる。

★2——売上高（収益）と費用が等しくなる売上高ないし生産量のこと。売上高が損益分岐点を下回れば損失が生じ、上回れば利益が生じる。

3 良循環の環をいかに生み出すか

もう一つのポイント、すなわち、**良循環の環を回すための集中**という点も、実は深層のメカニズムを考え抜いていないと実現できない。どこに努力を集中するのかを明らかにするには、背後のメカニズムの理解が不可欠だからである。

その点も、小倉が「宅急便」の草創期に語った**「サービスが先、利益は後」**という言葉に典型例を見ることができる。

宅配便ビジネスには配送センターやトラックに固定費がかかるが、サービスを開始してから荷物の量が増えて軌道に乗るまでは、そのコストを回収できない。固定費が大きなビジネスであり、その固定費を回収するためには荷物が大量に流れなければならない。しかし、「宅急便」のスタート時点では荷物が十分な量は出てこない。「宅急便」を知らない人もいれば、名前を聞いたことがあっても、どれほど良いサービスかはわからない人もいるからである。だから、初期には明らかに荷物の量が足りず、損益分岐点に到達しないので、赤字を甘受しなければならない時期がある。

しかし、ここで赤字を減らすために「宅急便」のサービスの質を落としてコストダウンをすれば、一時的に赤字幅は減るかもしれないが、そうすると、利用客の満足を得ることができず、リピーターを創り出すことができない。また、質が落ちれば口コミで良い評判が流れることもないから、「宅急便」の需要は増えない。そうすると、長期的に見て荷物の量が増えないことになる。「サービスの質を上げること」と「目の前の利益を上げること」は、短期的に見ると**トレードオフの関係**[★3]にある。だが、長期的な視点で見ると、サービスの質を上げれば荷物の量が増えて、長期的には利益が出る、というように両者は良循環の関係にある。

この全体像が見えていれば、「将来の利益のために、目の前の利益を削ってでもサービスの質を上げる」という戦略が取れる。まさに、「サービスが先、利益は後」である。

例えば、小倉は営業所と社員数を増やす投資を惜しまなかった。どうしても固定費は上がるが、顧客は「クロネコヤマトの宅急便は使いやすいサービス」という印象を持つ。また、荷物の届け先が間違っているとき、送り返すのではなく送り主に電話をして住所を確かめることを徹底した。当時、地方への長距離電話は高額だったから、それだけでコスト割れになる。しかし、送り主は「ここまでしてくれるのか」と感動し、次からもまたクロネコヤマトに荷物を頼むようになる。

そうやって徐々に顧客が増え、「宅急便」の使いやすさとサービスの良さが認知されると、

★3――一方を追求すると他方が犠牲となるような、互いに両立し得ないもの同士の関係性。

荷物の量が増える。これを小倉は**「荷物の密度」**と呼んでいる。荷物の密度が高くなれば、自然と利益が出るようになる。出た利益の一部を従業員の教育に回し、集荷と配送のスキルを上げていけば、さらにサービスの質が改善し、顧客が増える。この良循環をぐるぐる回せるようになると、企業は一気に強くなる。

企業に関連した社会現象には、良循環と悪循環のどちらかが作用しているという状況が頻繁に観察される。成長のテコになる部分を見極め、経営資源（ヒトの努力やお金）を集中的に投資して、良循環の環を回し、こちらの努力の何倍もの力を発揮できるようにメカニズムを解明して皆の努力を方向付けるのが、経営者の役割である。小倉はまさにそれを実行できた、偉大な戦略的経営者であった。

筆者は晩年の小倉と会話する機会を得たことがあるが、そのときに印象に残った言葉がある。すでに70代後半であった彼は、「世の中、退屈だという人の気持ちがわからない。電車に乗れば週刊誌の中吊り広告を見て、何でこんなことが起きているんだろうかと考える。理由はこうだろうか、ああだろうかと考え続けて、1日飽きることがない」とおっしゃっていた。事象の背後にあるメカニズムを徹底して考え抜く――小倉は生涯、深い思考力を持ち続けた人であった。

本来、優れた経営者の力量のベースには、**「広く深い思考力」**がある。それは戦略を考える思考力であると同時に、社会システムと人間について考え抜く社会科学の思考力でもある。

第1章 Chapter

市場をつかみ、狙いを定める

キーワード

セグメンテーション
ROA
4つのP
ポジショニング・ビュー
リソース・ベースト・ビュー
カニバリゼーション
ブランド転換

顧客の心をつかむには、どうすればよいのか？

本章では、アパレル大手の「ストライプインターナショナル」と、ファミリーレストランチェーンの最大手、「すかいらーく」の事例を取り上げる。創業から20年でグループ年商1100億円の企業に成長したストライプインターナショナルと、外食産業の苦境を乗り越え、業績を回復したすかいらーくの顧客に対する「戦略」とはどのようなものだろうか。

ケース 1

ストライプインターナショナルの事例

ヨードンで走り出せ！「白地の探究」企業

社長の石川康晴は、
1994 年に岡山県でセレクトショップを開業するが、
経営不振と方向性の違いにより正社員 13 人のうち 10 人が退社。
ここから方針を転換し、
大型商業施設に「アース ミュージック&エコロジー」などの
小型店舗を多数出店する方式で成功する。
現在はアパレル以外の領域にも参入している。

1 ビジネス・モデルの「自地」を探す

戦略を立てる上で最も重要なのは「顧客」である。最終的に顧客にとって他社に代えられない「かけがえのない存在」になれるかどうかが利益を左右するのだから、顧客が重要だというのは当然である。ここでは特に、2つの点を強調しておきたい。

まず第一に、顧客を分類すること、マーケティングでいう**セグメンテーション（市場細分化）**が戦略策定の出発点として決定的に重要であるということである。市場をどのように分類するか。その分類の結果、どのセグメント（部分）をターゲットとして戦略とオペレーションを構築するか。戦略の成否はここにかかっている。

第二に、需要の変化に合わせて柔軟に製品・サービスの構成を変えていくことが重要である。**供給を需要に合わせる**というのは、あまりにも当たり前に聞こえるかもしれない。しかし、需要全体は横ばいでも、衰退セグメントと成長セグメントが相殺し合っている、というような状況もある。衰退セグメントから成長セグメントへと主力を移すのが当然のように思えても、例えば「自社固有の強みを見失うな」というような声が出てきて、従来の成功パターンから変わることが難しいという局面は多くみられる。供給を需要に合わせるという基本は実は意外に難しいのである。

第1章では、顧客の分類と需要に合わせた企業変革という、顧客を中心にした2つの戦略的なポイントを議論することにしよう。それぞれ、アパレル企業とレストラン・チェーンの事例を取り上げることにする。

初期の逆境からの転換

1つ目の事例は、「第2のユニクロ」との呼び声も高い、アパレル大手・**ストライプインターナショナル**（旧クロスカンパニー。2016年3月1日に社名変更）である。ストライプインターナショナルは、20〜30代女性向けのカジュアル・ブランド「アース ミュージック&エコロジー」を主力とし、東証1部上場を目指す成長中の企業である。創業から20年で会社を年商1100億円以上に育て上げた石川康晴の戦略は、彼いわく**「白地の探究」**である。まだ誰も出て行っていない市場セグメント[★1]、つまり人々のニーズが満たされていない、競争相手の少ない「白地」をとにかく見つけ出し、人よりも早く入っていくというこの戦略は、資

★1──市場（不特定多数の人々や顧客のニーズ）を、いくつかの集団に分けること。セグメントの軸はさまざまだが、典型的なのは顧客が住む地域、都市規模といった「地理的軸」、年齢や性別、所得といった「人口統計的軸」、ライフスタイルといった「心理的軸」、購買機会や追究便益といった「行動面の軸」などがある。

本力を持たない企業が市場をつかむ方法について、大きな示唆を与えてくれる。

石川は1970年生まれ。幼いころから洋服が好きで、アパレルメーカー勤務を経て1994年に地元・岡山県で4坪のセレクトショップを開業した。海外から個性的なデザインの洋服を輸入して注目され、順調に売り上げを伸ばしていったのだが、途中から経営不振に陥る。石川が仕入れるブランドのブームが去り、売り上げが急速に低下したのである。方向性の転換を図ろうとするも、正社員13人のうち10人が退職するという壁にぶつかり、戦略を大きく変更せざるを得なくなる。

この危機の中で、石川はアパレル業界の「白地」がどこにあるのかを考えた。当時、ユニクロが**SPA**★2**（製造小売り）**という業態をとり、郊外に大型店舗を次々と建設して成長していた。郊外の大型店舗による販売が成長市場だとはいえ、そこは「白地」ではない。すでに巨大な競争相手が存在する。そこで、ユニクロとは逆に、**「小型店舗で高ROA**★3**を目指す」**戦略を石川は練ったのである。

「ROA」は**利益（return）／総資産（asset）**を表す。この分数を見ればわかるように、ROAを高めるには利益を大きくするか、資産を小さくするか、その両方か、という3つの方法がある。ユニクロのように大きな店舗を建設すれば分母側の資産が大きくなるから、そのぶんだけ相当の利益を上げないとならなくなる。逆に、店舗への投資が低く抑えられれば比較的小さな利益を積み重ねることで高ROAを達成することができる。

ストライプインターナショナルの場合には、自社店舗を建設するのではなく、大型の商業施設内にスペースを借りて、テナントとして出店し、1店舗当たりの資産を最小限に抑えるというやり方で高ROAを目指している。小さな店舗でムダな在庫を置かず、在庫回転数を上げて利益率を高くする。アパレル業界であまり意識されていなかった「高ROA」という着眼点で他社との差別化を図り、自社特有のポジションを取ろうとした。

そこで立ち上げられたのが、現在の主力ブランドである「アース ミュージック&エコロジー」である。ファーストリテイリング会長兼社長の柳井正と経営戦略について議論した際、「もっと規模を追え」と言われた石川は、「(世の中には) イトーヨーカ堂もあれば、セブン-イレブンもあるじゃないですか。僕たちは在庫回転数で日本一を目指している。キャッシュフロー経営をセブン-イレブンでやろうとしている。だから無駄な在庫を食うイトーヨーカ堂はやりたくない」と答えている。★4

★2—「speciality store retailer of private label apparel」の略。アパレル分野を中心に、小売業が製造の分野まで行い、自社のオリジナル商品の開発を行い、販売する事業形態。

★3—「Return On Assets」の略。当期純利益を総資産（総資本）で割った数値。事業に投下されている資産が利益獲得のためにどれだけ効率的に活用されているかを示す、総合的な収益性の指標。

★4—東洋経済オンライン「異端児率いる『第2のユニクロ』が見据える先—アース ミュージック創業社長を直撃」2015年9月14日より。

2 店員の立居振る舞いまで「設計」する

着々とビルのテナントを埋めながらも、石川は冷静に計算に基づく推測を行っていた。「高ＲＯＡ戦略」を実行する前に、「全国各地にある大型商業施設にテナントとして入り込んでいった場合、いつ、どのくらいの規模で市場が飽和するか」をあらかじめ計算していたというのである。[★5] 成長の先にある **「市場の飽和」** まで計算した上で、石川は「単一ブランドではあっという間に場所を取り尽くす」と予測し、客単価３０００〜数十万円の間でターゲットを細かく分け、それぞれに合うブランドを多数展開することにした（２０１６年9月末現在で服飾・雑貨の23ブランドをグループで展開）。こうすれば、一つの商業施設であっても、何種類かの店舗を出店して成長を持続することができる。

ブランドを展開するに当たって、石川は、ブランドごとにターゲットとなる年齢や顧客単価やライフスタイルを明確に設定する。まさにマーケティング戦略の定石である。まず、出店する施設・エリア特性や売ろうと思う製品の大まかなカテゴリーを念頭に置いて、セグメンテーションを行い、そこからターゲットとする市場や顧客に働きかける。市場に働きかける手段の組み合わせを **「マーケティング・ミックス」** といい、通常 **「４つのＰ」**[★6] ＝ **「製品**

(Product)」「価格（Price)」「流通（Place)」「プロモーション（Promotion)」で表される［図1-1］。

マーケティング戦略の決定的なポイントは、セグメンテーションを行って、自社がターゲットとする部分を決めたら、そのターゲットに対して4つのPをフィットするように作り上げることである。石川はこの点で徹底している。商品そのもののデザインをそれぞれのターゲット・セグメントにフィットさせるばかりでなく、販売する店舗の広さや内装、店員の立居振る舞いまでも、セグメントごとに緻密に設計しているのである。

例えば、プロモーションの一種である販売員活動を見てみよう。価格設定の高いハイエンドのブラン

★5―みずほ総合研究所『Ｆｏｌｅ』2016年4月号「私の経営戦略」インタビューより。

★6―米国のマーケティング学者のE・J・マッカーシーが生み出した分類法。

図 1-1★4Pの概念図

製品 **Product** 本質的サービス（提供するサービスの内容そのもの、品質、デザイン、ブランドなど）、補助的サービス（配送、保証、返品など）	**価格** **Price** 定価、割引率、支払い期間、ローンの条件など
流通チャネル **Place** モノの流れる経路 商流（所有権の移転経路） 物流（物理的な移動経路）	**プロモーション** **Promotion** 広告、販売員（営業）活動、広報活動

ドでは店員一人が受け持つ店の面積を狭くし、店員は接客の際にゆっくりと動き、静かなトーンで話す。一方、低価格帯のブランドでは、店員は一人で比較的広い面積を受け持ち、テキパキと素早く店内を動き、大きな声を上げて元気に動く。お得な情報を示すポップもふんだんに置く（これは高価格帯の店舗では全く使わないプロモーション手段である）。当然ながら、この逆が行われたらビジネスは成功しない。低価格帯の商品で受け持ち面積を狭くすると、人件費がかかりすぎてしまう。高価格帯の商品で大声を上げて走り回る店員がいたら、ブランドイメージが落ちてしまうだろう。

石川はこうした店頭での顧客との関係構築を**「接客デザイン」**と呼び、ブランドを構成する重要な要素の一つと位置づけ、教育を徹底させている。接客デザインができているかどうかで、ブランドが持つコンセプトや商品価値が顧客に伝わるかどうかが決まる。価格帯に応じて市場セグメントを明確に分け、それぞれに合わせて徹底的にプロダクト・プロモーションなどを作り込む。市場セグメントについて徹底的に考え抜いているからこそ、「接客デザイン」の磨き上げができるのである。

3 リソースは後からついてくる

「アパレルで高ROAを目指す」という独自の戦略で成功したストライプインターナショナルは、2015年度から事業領域を「ライフスタイル&テクノロジー」に広げ、さまざまな新規ビジネスに参入している。アパレル以外の領域でも、「白地」を探し始めたのである［図1-2］。

例えば、クリーニングをインターネットで申し込み、自宅で受け取る「宅配クリーニング事業」。競合がまだ少なくこれからの成長が期待できるとして、同事業を開始していたスタートアップのバスケット社を買収し、アパレルを核とした生活周辺サービスも事業領域に取り込もうと

図 1-2★ストライプインターナショナルの新規事業

宅配クリーニング事業

レンタルサービス「メチャカリ」

資料：ストライプインターナショナル提供

している。昔ながらの非効率的なビジネスを効率化する余地は、まだまだ残されている。その意味ではこれも「白地」である。

そのほか、洋服のレンタルサービス「メチャカリ」は、ＣＤやＤＶＤのように普段着をレンタルするという、アパレル業界としては世界初のビジネスである。さらに同社ホームページを見ると、「ナチュラルアイスクリーム」のブランドや、日本独自の文化・技術を紹介するウェブサイト「プレミアムジャパン」の運営など、さまざまな新規ビジネスが展開されている様子がよくわかる。すでに成功を収めたアパレルにおいても、高ＲＯＡ戦略と一線を画してグローバルな市場を狙うブランド「ＫＯＥ（コエ）」を立ち上げ、「フェアファッション」という分野で世界一を目指し始めた。これらがどの程度の成功を収めるのかはまだわからないが、同社が「白地」を求めて活発なトライアルを繰り返していることは確かであろう。

リソースを重視し過ぎて生じる問題

石川は、主力事業の営業利益の３割を、新規ビジネスの研究開発の投資に回している。アパレル業界では珍しい方針である。この新規ビジネス開発のための資金を使って、新しいビジネス・モデルを構築できる「白地」を探している。

石川が実行しているのは、経営戦略論でいうところの**「ポジショニング・ビュー」**の戦略である。ポジショニング・ビューというのは、空間的な立地はもちろん、顧客の心に占める心理的な立地、競争市場・取引市場などにおける立場・地位など、さまざまなポジションを考慮して、最も利益が出やすいところを選ぶ、という考え方である。要は「どのような市場ポジションをとれば（どのようにポジショニングすれば）もうかるのか」という問いを基軸として戦略を考えるのが、ポジショニング・ビューの基本である。

ポジショニング・ビューに対して、自社の経営資源（強みと弱み）からビジネスを出発させることを**「リソース・ベースト・ビュー」**と呼ぶ。この考え方は、人的資源重視・長期雇用志向のいわゆる**「日本的経営」**[★7]となじみやすく、日本では「ヒトや技術などの経営資源（リソース）こそが大事」という考え方をとる経営者も多い。確かに、日本は明治の近代化以降、「富国強兵・殖産興業」を掲げてものづくりの技術向上に励み、実際にかなりの力をつけた。このときの蓄積によって、戦後、日本企業が大いに発展したことは間違いない。付加価値を生み出すのは人間の能力なのだから、人が賢くなり、成長していくことを経営の基軸に据えることは理にかなっている。

例えば、第二次世界大戦中の巨大戦艦・大和の巨大砲台には、敵艦との距離を測るために、三角測量を用いた光学距離計が搭載されていた。当時、世界的に見ても高レベルな技術力で

★7―終身雇用、年功賃金、企業別組合といった労働慣行に代表される、日本固有の特殊な経営のこと。ジェームズ・C・アベグレンが『日本の経営』（占部都美訳、ダイヤモンド社、1958年）の中で指摘した。

光学距離計を作っていたのは日本光学工業、現在のニコンである。戦後、この技術力を民生品に応用してカメラを作り、ニコンは世界に誇る高級カメラ・メーカーとなる。そのほかにも、第二次大戦中の戦闘機の振動を抑える技術が戦後日本の新幹線の飛躍的発展を支えていたり、飛行機の技術者たちが自動車産業に入って国産車の技術レベルが上がっていったりなど、リソース・ベースト・ビューを実感として「正しい」と思わせてくれる例は枚挙にいとまがない。

確かに価値を生み出すのは人間であり、その人間の持つ知識・技術・技能が高まることが経済発展や企業成長の中核にあることは間違いない。しかし、経営戦略を考える上では、リソースにこだわり過ぎると問題が出てくる場合もある。例えば、現在保有している自社の経営資源に固執して、それと関連のない業界に進出することをためらう傾向が出てくる、というのがその典型であろう。実際のところ、ある事業領域でビジネスを行う際に、必要な技術を持っている他社がすでに存在するのに、何の技術も持たずに自社が参入するのは無謀である。市場は相対的評価をするところだから、既存企業と自社の差を克服できるめどが立っていないと成功は望めない。

しかし、このリソース・ベースト・ビューの原則は、「白地」には当てはまらない。石川が言う「白地」においては、誰もそのビジネスに必要なリソースを圧倒的な水準で持っているわけではないのである。だから新しい市場を見つけてヨーイドンで競争を始めるときは、リソースの有無にこだわるよりも、とにかく早く市場に入って特有の技術や顧客に対するノウハウ、マーケティングの知識を習得することの方が重要である。その試行錯誤の結果として、その「白地」で競争優位に立つためのリソースが徐々に蓄積され、それが後発の他社に対する参入障壁を創《つく》ることになる。これが、石川の言う「白地の探究」戦略である。

「白地の探究」に必要なのは、真っ先に白地を見つけてビジネス・モデルを構築する能力。また、入っていった市場で実行を通じて反省しながら学習する能力。それさえあれば、リソースは後からついてくる。石川が実行している成長戦略は、リソース・ベースト・ビューで発展してきた日本のものづくり企業が苦戦する現在、非常に重要な示唆を提供してくれる。多くの日本企業のように、もし自社の保有資源の分析から入って、関連性が低いからという理由で新規市場への参入に躊躇していたら、いつまでたっても「白地」に参入することはできない。その結果、皮肉なことに、あれほど重視していたはずの自社資源を増やすことができない、という問題に直面することになる。

リソース・ベースト・ビューに基づく経営戦略は、自社の既存資源しか見ていないと、非常に保守的な行動へのバイアスを生み出す。「白地」の戦略が示唆しているのは、**①経営資源は常に他社との相対評価で考えないとならない、②新しいチャレンジによって新たな経営資源が生まれるので、それを迅速に蓄積できる学習能力を高めないとならない**、ということである。石川の戦略を見ていると、ポジショニング・ビューとの対話の中から、リソース・

ベースト・ビューも新たな学びを得られるということがはっきりとわかってくるはずである。

4 良きマーケターは人の気持ちがわかる

ストライプインターナショナルは戦略もユニークだが、組織も独特である。同社のオフィスの廊下には社員一人一人の写真が飾られている。単なる顔写真ではない。一人一人が自分の個性を演出して創り上げた「作品」が並んでいるのである。写真のテーマは、各人が「大切にしているものと一緒に写ること」。ある社員は、好きなアーティストのコンサートのチケットを宙に舞わせて満面の笑顔で写っている。最初は社員同士が顔を覚えるために作ったというが、来訪客からの印象が良く、リクルートにも効果的だという。社内の空間設計もユニークで、わざと人が歩く動線をランダムにし、目的地に行こうとする人が他の人と偶然出会うように、「セレンデピティ・デザイン」が採用されている。

既存の考え方にとらわれずに「白地」を探し出し、そこでの試行錯誤を通じて夢中になって学習を積み重ねていくためには、社内の人の結びつきや、自主的なコミットメントを促す組織の工夫が必要なのである。

社員が元気なのは、人事制度の工夫にも理由を求めることができる。ストライプインターナショナルは社員の9割以上が女性で、しかも女性管理職比率が53%と非常に高い（2016年8月末現在）。結婚や出産といったライフステージに合わせた制度が導入され、女性が長く働くことができる環境が整えられている。これらの人事制度は、石川自身の発案に基づくものが多い。きめ細かいマーケティングを設計するのと同じように、若い社員が働く上で何を求めているかを的確に捉え、コミットメントが高まる組織を創り上げている。

マーケティング戦略を立てる上で、最も重要なセグメンテーションの本質を煎じ詰めていくと、結局のところ人間を深く理解できるか否かというところにたどり着く。性別でも世代でも、地域でも、ある種の人がどのように考えるのかを想像できるかどうか、顧客が見ている光景を、わがことのように追体験できるかどうかがセグメンテーションを行うための基盤として必要である。

このマーケティングの力量を、顧客相手ではなく、社員相手に応用すれば、会社内のマネジメントにも効果を発揮する。優れたマーケターは、顧客の心をつかむのと同じように社員の感情を想像することができ、人事管理にも優れた能力を発揮する。石川の「白地の探究」戦略を支える社員のコミットメントはこのようにして創出され、維持されている。

ケース 2

すかいらーくの事例

ファミリーレストランの雄の没落と再生

1970 年、東京都府中市に第 1 号の国立店を出店。
急成長を続けていたが、バブル崩壊後、低迷期に陥る。
2008 年に社長に就任した谷真は、郊外型の店舗を閉鎖し、
都心部に出店するなどして再建に見事成功する。

1 高度成長期の「人々の夢」を捉えた時代

本章で取り上げる2つ目の事例は「すかいらーく」である。同社の主力業態「ガスト」は全国で1357店、そのほか「バーミヤン」「ジョナサン」「夢庵」「藍屋」などを合わせると、海外を含めグループ全体で2990店もの店舗（数字は2016年9月30日時点）があり、2015年12月期の売上高は3511億円に達するファミリーレストランの最大手企業である。いわゆる「ファミレス」の業態は、1970年代にすかいらーくを中心にして形成されてきた。すかいらーくの創業者である横川家の4兄弟（横川端・茅野亮〔茅野家の養子となっているが実の兄弟〕・横川竟・横川紀夫）は同業他社の中でも最も早くから積極的な店舗展開で急成長をしてきた。4兄弟は1970年代にひばりが丘（「すかいらーく」という社名の起源）の食品スーパーから事業転換して、東京都府中市に1号店（「国立店」）を開店し、試行錯誤を繰り返しながら着実に一つのビジネス・モデルを完成させていった。

高度経済成長[★8]からバブル経済の時代まで飛ぶ鳥を落とす勢いで成長を続けたすかいらーくは、しかし、1990年代のバブル崩壊以降、長い低迷期に入る。こうした状況にメスを入れ、見事なV字回復を達成して外食業界の雄を救ったのが、2008年に社長に就任した谷《たに》真《まこと》である。業界最大手であっても、低迷期のすかいらーくは利益を上げることができなかった。そこから再び顧客の心をつかみ、業績を上げていくまでに、谷はどのような思考を経たのだろうか。まず、業績低迷の原因を理解するために、話が少し遡《さかのぼ》るが、すかいらーくが創業されたころに、当時の経営者たちがどういう手を打っていたかを見てみよう。

ニーズを正しくつかんだ高度成長期

横川兄弟が日本初のファミリーレストランのすかいらーくを東京都府中市で開店したのは、1970年のことである。当時の日本では、自動車の普及が急速であり、郊外型のレストランが成立する素地が出来上がりつつあった。日本のモータリゼーションは1964年の東京オリンピック直後から始まったといわれている。1960年から始まった高度経済成長の恩恵を受けてサラリーマンの所得が上がり、「マイホームを建てたら次はマイカー」という夢を中流家庭の人々がかなえていった。オリンピック開催をきっかけに高速道路が整備され、物流や人の移動が電車から自動車中心に移行していく時代でもあった。

1966年に229万台程度であった日本国内の乗用車保有台数は1970年には

★8—1955~73年にかけて、日本は年平均名目経済成長率15%にも達する高度成長を遂げた。1968年には、国内総生産（GNP）が、当時の西ドイツを抜き世界第2位となった。こうした戦後日本の一連の経済成長は「東洋の奇跡」とも称される。

７２７万台へと３倍以上に増加し、その後も翌71年には約９１０万台、72年には約１１００万台と毎年勢いよく成長していた。[★9]

このような時代の変化にいち早く目を付けたのが、横川兄弟だった。彼らは米国視察に行った際、日本より早くモータリゼーションが進むアメリカ社会で、郊外型レストランが定着しているのを見る。店舗は**チェーン・ストア**[★10]で展開され、同じ形式のロードサイド店が効率よく経営されている。「これは日本でも同じことが起きる」という直感のもと、外食チェーンを日本で成功させるべく、すかいらーく1号店の準備を始めたのである。

「ファミリーレストラン」というのは、横川兄弟が作った言葉である。すかいらーくは、マイカーで移動する家族をターゲットに定め、郊外のロードサイドに店舗を展開する。店内は明るくて広く、制服を着た店員がハンバーグやエビフライ、ピザなどの洋風メニューを持ってやってくる。子供たちが「次もすかいらーくに行きたい」と主張してくれるように、子供たちに人気のハンバーグは特に力を入れ、騒ぐ子供に対しても「お静かに」などと注意しない方針を徹底して、郊外にクルマでやってくるファミリー層というターゲット顧客を捉えたのである。1号店を出してから8年目に１００店舗を達成。同年、東京店頭市場（現JASDAQ）に株式公開を果たす。さらに、コーヒーショップ「ジョナサン」、中華料理の「バーミヤン」などの新業態を展開し、１９８４年には東証1部に上場。日本を代表するファミリーレストランのチェーンとなる。ここまでは、横川兄弟は時代の趨勢《すうせい》を的確に読み、**市場**

を正しくつかんでいたといえる。

2 過剰供給が引き起こしたカニバリゼーション

すかいらーくは高度成長期の人々のニーズを掬い上げ、売り上げを伸ばした。しかし、1997年の約30兆円をピークに外食産業全体の売り上げは減り続け、2011年に22兆円台で底を打つ。ピーク時の7割程度にまで需要が落ち込んだのである［図1-3（→p.38）］。需要停滞の背景には構造的な変化があった。少子高齢化が進行したことで、郊外にマイホームを建てて住む家族が減り、便利な都心に移り住む2人あるいは3人の家族が増えたこと、またすかいらーくの成長期を支えた団塊の世代のファミリー層がいまや高齢化し、郊外の戸建て住宅から都心のマンションへと移り始めた。創業時にすかいらーくがターゲットとしていた「マイカーで移動する郊外のファミリー」というセグメントが衰退し、新たに異なるセグメントへと需要がシフトしていった。ここで、経営陣にとっては顧客のターゲット層

★9―一般社団法人自動車検査登録情報協会ホームページより。

★10―一つの企業が、ブランド、経営方針、サービス内容、店舗の外観などを共通化した店舗を多数出店する経営形態。各店舗の経営は本部によって標準化され、集中的に管理される。米・英で発展し、日本でも戦後の高度成長期に本格的に広まった。

を変えなければならないタイミングが来ていたのである。

しかし、90年代から2008年までの間、すかいらーくの経営陣は相変わらずロードサイドへの出店を前提とした**「拡大路線」**を取り続けた。郊外のロードサイドこそが同社の成功を支えてきた自社本来の「強み」であるから、その基軸を離れずに、苦境を乗り越えようとしたのであろう。2001年に創業家以外から初めて社長を任命された当時の社長は、「ガスト」「バーミヤン」「夢庵」をそれぞれ1000店舗増やすという計画を掲げた。新しい店舗を出店すれば一時的にその新店舗の売り上げは増える。しかし、既存店の売り上げ低下は止まらず、また新店舗の売り上げ増の効果も長くは続かない。結果的には既存店の売上高は低迷し、新規出店のコストを全社的には回収することができない。そもそも、郊外のロードサイドにファミリーがいなくなり、

図 1-3 ★外食産業の売り上げ推移（1980 ～ 2014 年）

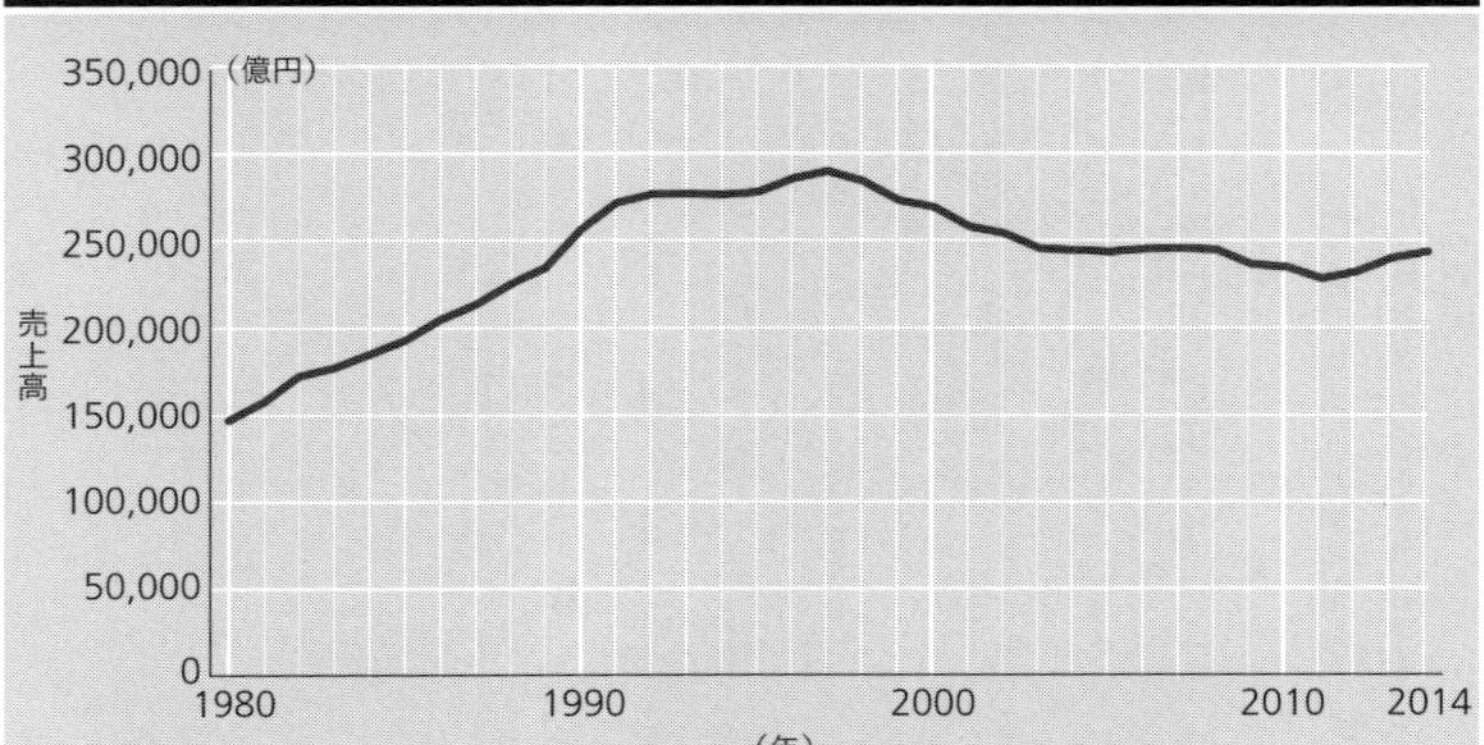

資料：一般社団法人日本フードサービス協会「JF 外食産業市場動向調査」外食産業市場規模推計の推移より作成

需要が減少したのだから、そこにレストランの出店を増やして供給量を増やしても、**少ない需要を自社レストラン同士で奪い合うこと（カニバリゼーション**[★11]**）**になる。たとえガストとバーミヤン、夢庵など、業態を変えたとしても、総需要の落ち込みが急速なのだから、需要不足・供給過剰を克服することはできないのである。結局、すかいらーくは業績を回復させることができないまま、２００６年には創業家から横川竟が社長に返り咲き、投資ファンドと組んで**ＭＢＯ**[★12]を実施した。

ＭＢＯは株式を経営者が買い取って、大胆な変革をするためにとられるステップである。しかし、上場を廃止してまで挑んだ経営再建であったが、結局は拡大路線を踏襲して結果を出せず、横川は2年後に解任されることになる。郊外のロードサイドにおけるファミリーというセグメントの需要が減少しているにもかかわらず、郊外への積極出店という勝ちパターンから抜け出すことは難しかったのである。

過剰供給の構造を正す

今から振り返ってみれば明らかに、郊外のロードサイドの需要量に合わせて店舗を閉鎖し、

★11—自社の製品同士が顧客ニーズの奪い合いをする「共食い」現象のこと。
★12—「Management Buyout」。経営陣が株主から自社株式を譲り受けたり、自社事業を買収するなどして独立すること。

またファミリー以外のセグメントも視野に入れるという転換が必要であった。また、都心に新たな市場セグメントが生まれてきたのであれば、それに対応することも必要である。

横川の後を継いで社長となった谷は、まさにそれを行ったのである。彼はまず真っ先に不採算店の閉鎖に着手する。谷は就任当初の様子について、「郊外型のロードサイド店を訪れる客数に対してグループの出店数が多過ぎ、**過剰供給**になっていた」と語っている。★13 その結果、一つのエリア内ですかいらーくグループの店舗が顧客を奪い合うといったカニバリゼーションが起きていた。

「ガスト」や「バーミヤン」といった個々の業態ごとに**カンパニー制**★14を採用して、個々のカンパニーごとの個別最適を許容してきたことが、なおさらカニバリゼーションを助長した。「ガスト」が金曜にチラシを出すと「バーミヤン」は1日早い木曜に出すというような、不毛な競争がグループ内で繰り広げられていたのである。

そこで、谷は赤字店を次々と閉鎖し、過剰供給を抑えて1店舗当たりの利益を高める方向にまず努力を傾けた。同時にカンパニー制を廃し、横断的に購買や工場の組織を再編成していった。需要が多く、また成長している局面では、カンパニーごとに購買や工場を保有して、一部互いに競合する部分があっても切磋琢磨していくことが会社全体の成長につながったかもしれない。しかし、需要の衰退局面は違う。需要の縮小に合わせて、十分な規模のメリットを生かせるよう組織の再編が必要だったのである。こうしてようやくすかいらーくは、需要が減退していた郊外型ファミリーレストランの需給バランスを適正化する方向に舵を切り替えることができたのである。

3 カニバリゼーションはなぜ放置されたのか

市場が成長しているときであれば、過剰供給になってカニバリゼーションを起こしても多めに出店するというのは、間違った手ではない。１９９０年代以降のデフレ経済の中で、いわゆるファストファッションの市場を牽引《けんいん》したファーストリテイリングは、ユニクロの全国展開を進める上で最初は過剰出店をして、その後、少しずつ間引きしながら店舗数を調整していた。市場が飽和する前に、いかに有利な立地を押さえるか。成長期というのは、競争相手に勝つために「陣取り合戦」に力を注ぐ時期である。そういうときには、カニバリゼーションによって自社の店舗の売り上げが多少下がっても、企業は相手との競争に勝つことを優先させる。他社に市場を奪われるくらいなら、自社内で奪い合った方が望ましい。他社と

★13—みずほ総合研究所『Ｆｏｌｅ』２０１５年3月号「私の経営戦略」インタビューより。

★14—同一の企業内で、事業分野ごとに独立性の高い組織を複数の企業組織に見立てて運営する形態のこと。

いう競争相手がその地域に残るよりは、その後、自分で閉店できる自社店舗を置いた方が望ましいという局面がある。競争相手が残るコストよりも、若干のカニバリゼーションの方が好ましいという状況は、成長期には起こり得るのである。すかいらーくがファミリーレストランを始めた時期に、急速な出店でロードサイドを多めの店舗数で押さえていったのも、当時の戦略としては正しかった。

しかし市場が成熟して需要が停滞を始めたら、陣取り合戦はもう必要ない。出店よりも、既存店舗への来客を維持するべく、メニューとサービスをいかに向上させていくか、ということが重要なポイントになっていく。しかし、出店によって立地を押さえて競争に勝つ、という習慣はなかなか克服が難しい。なぜなら、競争相手の参入阻止のために、念のためロードサイドに稠密に店を並べておくというのは、かなり「安心感のある手」だからである。特に、外食チェーンは**セントラル・キッチン**★15などの施設の固定費を抱えているので、常に販売量・売上高を確保して固定費を回収しなければいけない。売り上げを落としたくない、競争相手が出てきたら困る、という恐怖心を克服する上で、出店数を増やすという施策は魅力的なのである。

谷はこの恐怖心を克服した。的確な戦略の読み筋を持っていたからである。彼は「われわれが店舗数を減らしても、同じような業態の競争相手の店が出てくることはないと考えていた」と言う。すかいらーくの系列店が撤退した後に、例えば高価格の個人経営のレストランが出店することはあるだろう。しかし、それはチェーン・オペレーションとセントラル・キッチンによって低コスト化を追求した競争相手とは異なる。顧客層もある程度の差があり、厳しい競争は避けられる。問題は、他のチェーン店である。すかいらーくが撤退した後の敷地にデニーズやロイヤルが進出するだろうか。答えは否である。ロードサイドの郊外型外食チェーンはすでに飽和した市場であり、今後、郊外に住む人口も減っていく。それほど魅力的でない市場に他社が資本を投入して参入してくる可能性は低い。同業の競争相手に立地を取られる心配はない。これが谷の読みであった。

当時のすかいらーくに必要だったのは（谷が社長就任後に実行したのは）、まず**需給バランスを整える**という、極めてオーソドックスな対策であった。しかし、この一歩を踏み出すのは、それまでのチェーン間の競争で成功体験を積んできた人間には難しかったのかもしれない。そこから抜け出すには、市場セグメントを明確に認識し、その需要量の変化を把握して、競争相手の手を読み込むという戦略の基本を徹底的に追求できる力量が必要である。すかいらーくの場合、谷がその力量を発揮し、その結果として同社が蓄積してきたメニュー開発の能力や既存店のインフラの一部が十分に生かせる高収益企業へと転換できたのである。

★15—複数の店舗で提供する食品の調理を、1カ所で集中して行う施設。

4 店に来る顧客は毎日少しずつ変化する

過剰になっていた店舗を間引きする一方で、谷は既存店の品質を高めて1店舗当たりの売り上げを増やす施策を進めている。**「リモデル」**［図1-4（→p.46）］と**「ブランド転換」**がその2本柱である。

リモデルとは、店舗内のソフト・ハード両方の改良である。目的は、老朽化した店舗を時代のニーズに合わせて改装すること。今後少子高齢化が続き、シニア層が増えていくのだから、その需要を取り込まなくてはいけない。そこでカフェ仕様の椅子を使用したり、分煙化を徹底したりして、シニア層が居心地よく滞在できる空間へと店内を改装している。

メニューの見直しも行い、2014〜15年にかけてはオマールエビやフォアグラハンバーグといった**高付加価値商品**を追加し、主婦の団体客やシニア層の来店率を高めて客単価を上げることに成功した。★16 一方で、2016年には若い世代への対応として、価格帯やボリュームを見直したメニュー強化も行っている。立地は変わらなくても、来店する顧客セグメントは刻々と移り変わってきている。その変化に対応するための対策が的確に取られているのである［図1-5（→p.46）］。

ブランド転換とは、業態変更のことを指す。例えば、洋食のブランドから和食のブランド、イタリアンからカフェなど、異なる業態に変えていくのである。谷は「昔は家族4人で来て全員がハンバーグを頼むという注文が多かった。今は家族連れであっても、全員ばらばらのメニューを頼む」と言う。すかいらーく創生期のころとは異なり、外食チェーン店は質量ともに豊富になり、コンビニ弁当などの中食《なかしょく》も発達した。現代の消費者はさまざまな外食経験を経て成熟し、個々人が「これが食べたい」という明確な意思を持つようになっている。時代とともに、ファミリーレストランを訪れる顧客の**「消費の中身」**が大きく変わったのである。そこで、谷はステーキやしゃぶしゃぶといった専門店作りに力を入れ、地域ごとの売り上げや顧客の傾向を見ながら、柔軟にブランド転換を行い、売り上げを伸ばしている。

都市部に移り住むシニア層をターゲットにした新規出店も始まっている。都市部では、個人経営の食堂やうどん店といった飲食店が減りつつある。これらの多くは、バブルが崩壊したときに脱サラをした店主が始めた店である。後継者がいるわけでもなく、停年を迎える年齢になったら店を閉めるというパターンが多く見られる。都市部では、シニア層が移り住んできて外食への需要が増えているのに、個人経営の飲食店が閉店して供給が減っている。郊外とは逆の現象が起きていることに気づいた谷は、その需給ギャップに目を付け、都市部で

★16―すかいらーく2015年度通期決算説明会資料より（この後の施策の内容に関する数字も同様）。

図 1-4 ★消費者ニーズに対応したリモデル

リモデル前

リモデル後

資料：すかいらーく提供

図 1-5 ★メニュー展開の改定

てりたるハンバーグ
&チキン南蛮

タンメン

ハンバーグドミソース
&てりやきポーク

チキテキ

ストーンパフェ
マンゴ

オニバーグ

資料：すかいらーく提供

図 1-6 ★すかいらーくの業績の推移（2006 〜 15 年）

調整後 EBITDA[注1)] および EBITDA[注2)] マージンの推移

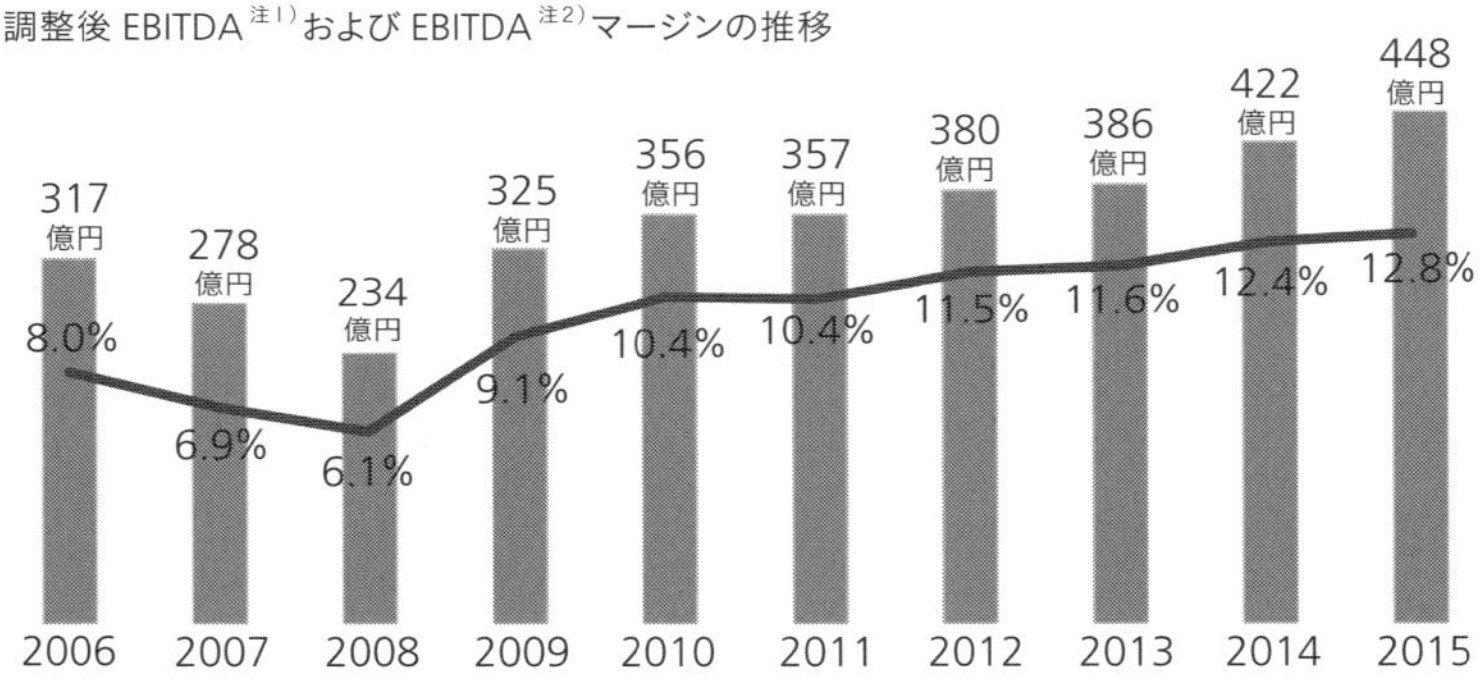

注 1：調整後 EBITDA ＝ EBITDA+ 固定資産除却損 + 非金融資産の減損損失 +BCPL マネジメント契約に基づくアドバイザリー報酬額（定期報酬含む） + 上場および売出関連費用（上場記念賞与含む） + 連結上場に伴う会計上の見積変更額

注 2：調整後 EBITDA/ 売上収益

（補足 1） 2003 〜 11 年までは日本基準（J-GAAP）に基づく EBITDA。2012 〜 14 年は IFRS に基づく調整後 EBITDA

（補足 2）日本基準（J-GAAP）による EBITDA= 営業利益 + 減価償却費 + のれん償却費 + 長期前払費用償却費 + 長期前払費用（保証金）償却費 + 資産除去債務利息

資料：すかいらーく提供

店舗を増やし始めたのである。

すかいらーくの直近の業績を見ると、10四半期連続で前年同期を上回る既存店売上を達成し、[★17]持続的成長を続けている［図1-6（→p.47）］。都市部を中心に51店舗を新規出店し、104店をブランド転換、276店をリモデルするなど、ロードサイドで着実に収益を上げ、その利益を使って都市部への新規出店に挑戦する施策は今のところ功を奏している。衰退するセグメントで供給量を減らし、成長するセグメントに供給量を増やす。言われてみれば当たり前の定石である。しかし、それを実行することは難しい。

谷は一歩引いた目で冷静に企業を取り巻く環境を分析し、会社内の歴史的に蓄積された常識から離れて、シンプルなロジックを通じて確信を得て断固たる変革に臨んだ。需要変化に対する会社の変革例として、多くの示唆にあふれた事例である。

★17―16と同様。

第1章
Chapter

point

- 市場は絶対評価ではなく、相対評価をするところ。だから、自分に資源がなくても、他社にも資源がないのなら、早く参入する方がよい
- 市場が成熟し需要が停滞を始めてからは、大胆な転換が必要
- 良きマーケターは人の気持ちをつかみ、顧客の変化に対応することができる

成熟した社会で自社の強みを見直す

第2章
Chapter

キーワード

成熟期
リモデル
チャネル
顧客との接点
バリューチェーン

成熟期に入った企業をどう成長させればよいのだろうか？

本章では日本を代表する水まわり住宅総合機器メーカーである「ＴＯＴＯ」のケースを取り上げる。リーマン・ショック後の新築住宅着工数が減少する中で、当時社長であった張本邦雄は、どのように業績をＶ字回復させたのだろうか。張本はなぜ、「リモデル事業に注力する」という選択肢をとったのだろうか。

ケース 3

TOTOの事例

リモデル事業でV字回復を果たす

1917 年に創立。
以後 100 年にわたり、トイレ、洗面所などの水まわり機器の分野で
高いシェアを築いてきた TOTO だが、
張本邦雄が 2009 年に社長に就任したときには、
262 億円もの赤字を出していた。
張本は明確に方向性を示し、再建に成功。
国内外の業績を順調に伸ばしている。

1 需要が頭打ちになった製品をどう売るか

製品には**ライフサイクル**がある。当初は製品の価値がなかなか伝わらずに普及に時間がかかるが、オピニオン・リーダーが製品を気に入ると周囲の人間に働きかけて爆発的な売上高の急増期を迎える。しかし、すべての人がその製品を持ってしまえば、その時点で市場は成熟期に入る。代替品が出てきて完全に消え去ることはないまでも、当初の普及期に比べれば勢いが落ちてくる。

急成長した後に成熟期に入ると、企業にはさまざまな影響が出てくる。飲料のような消費財の場合にも、一時的なブームが去って下火になると、生産設備や販売体制の組み替えが大変になるが、急速な普及期を経た後の耐久財の場合にも非常に厳しい現実が待ち構えている。耐久財の場合、いったん製品が普及すると、その耐久財に寿命が来て買い替えるときにしか需要が発生しなくなる。極端な例を考えるなら例えば20年の寿命がある商品を10年で普及させてしまったら、10年間にわたって需要がゼロという時期が続いてしまうのである。ここまで極端なことは起こらないとしても、成長期に持っていた製造能力や販売体制を、成熟期の取り換え需要への対応に切り替えるのは相当難しい経営課題である。

2009年、日本を代表する水まわり住宅総合機器メーカーのTOTOの社長に張本邦雄が就任したとき（現・代表取締役会長 兼 取締役会議長）、同社はまさにそのような状況に直面していた。日本人に「トイレを作っているメーカーはどこか」と聞けば、多くの人がTOTOと答えるだろう。国内の衛生陶器でトップシェアを誇り、人々のブランドに対する認知度は高い。高度成長時代、中間層がマイホームを建て、国内の新築着工戸数が急速に増えるのに比例して、高度な技術力に裏打ちされた高品質のTOTOの衛生陶器は順調に売り上げを伸ばしていった。

しかし、バブルがはじけて社会が成熟期に入ると、新築着工戸数は減っていく。さらに悪いことに、張本が社長に就任したのは米国でリーマン・ショックが発生した翌年で、新築の需要が特に大きく落ち込んだ時期だった。就任直後に行った2008年度の決算発表で、TOTOは262億円もの損失（当期純損失）を出している。

長期的な新築の需要回復が見込めない上に、目の前の経済状況は最悪で、工場のラインが止まり、1カ月後に再開できるかどうかもわからない。まさに八方ふさがりに見える状況だったが、張本は明確に向かうべき方向性を意識していた。それは、「国内でリモデル[★1]事業

★1――日本語でいうリフォームのこと。米国では中古住宅をリモデル（日本語でいうリフォーム）して住んだり、資産価値を上げることが一般的で、リモデルの市場規模は約25兆円（日本は約6兆円）と大きい。本章ではリフォームについてすべて「リモデル」と統一する。

を伸ばし、収益の柱に育てる」という道筋である。これまでに普及している耐久財の取り換え需要に焦点を当てて、本格的にその需要を取りに行ったのである。そのために「ＴＯＴＯのビジネス・モデル全体を大きく変える」と決意し、経営改革の具体的なシナリオを作り始めた。１年後に完成し、スタートした長期経営計画「ＴＯＴＯ Ｖプラン２０１７」は、これまでに素晴らしい成果を上げている［図２-１］。第２章では、張本がどのようなプロセスを経て企業をＶ字回復に導いたかを追いかけ、成熟期に企業をどう成長させるかについて学んでいくことにしよう。

米国をヒントにしたリモデル事業の可能性

なぜ、張本は就任後すぐに**「リモデル事業を伸ばす」**と言えたのか。序章の小倉昌男の例で述べたように、有効な戦略を立てるためには背後のメ

図 2-1 ★「TOTO Vプラン 2017」業績推移と計画

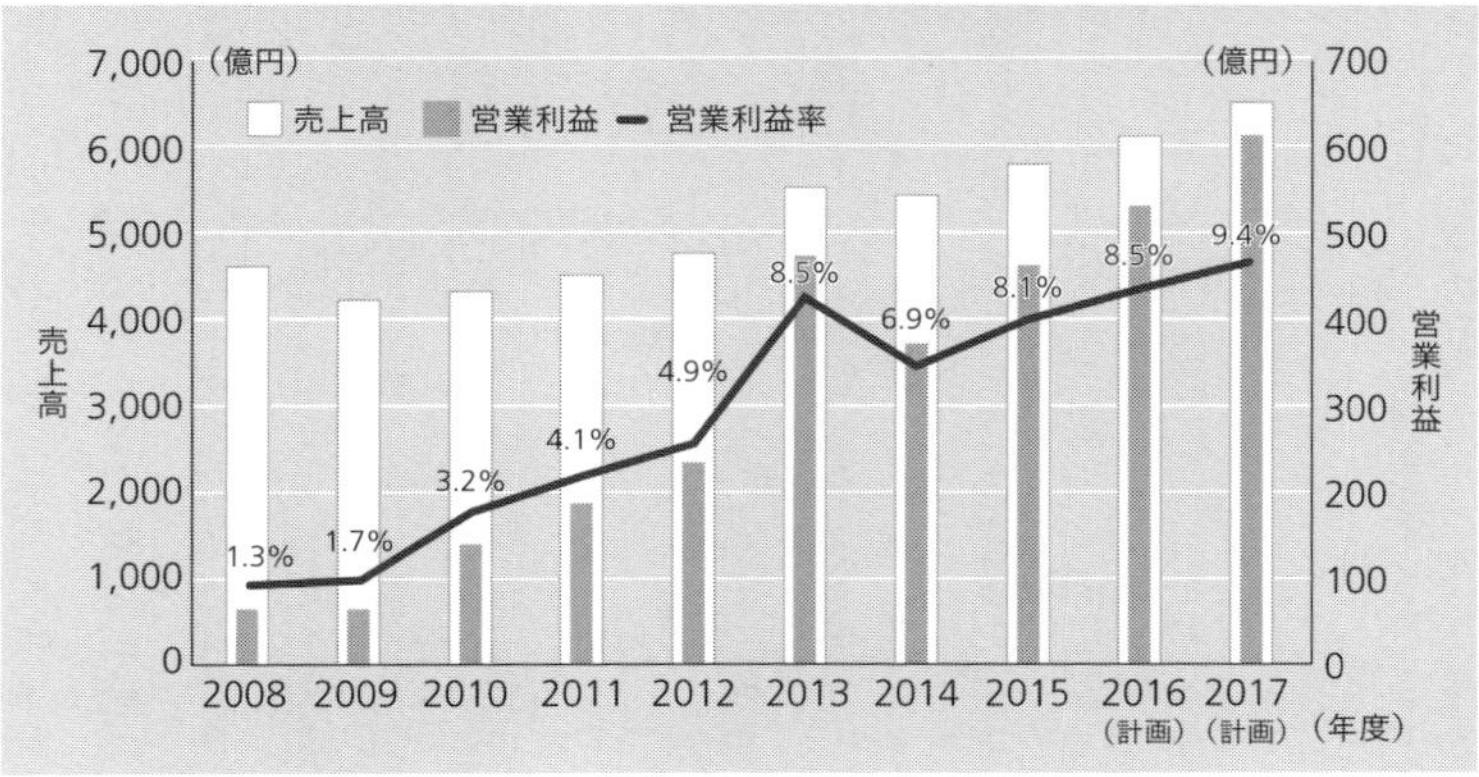

資料：TOTO 提供

カニズムが見えていなくてはいけない。自社を取り巻く社会的状況と強み・弱みを客観的に把握し、市場の構造を見通し、自社事業の業績を左右する構造を理解して初めて、どの方向に進むべきかが見えてくる。それがなければ、どれほど格好の良い決断をしてみても、暴挙である可能性を否めない。しかし、張本は社長に就任する9年前、2000年の段階でメカニズムを解明するきっかけを得ていた。当時の社長であった重渕雅敏《しげふちまさとし》から、「リモデル事業の責任者をやらないか」と持ちかけられたのである。

米国では中古住宅をリモデルし、資産価値を上げるという考えが早くから浸透しており、大きな市場を形成している。バブル崩壊以降、住宅の新築着工戸数が減り続ける状況で、TOTO内でも「新築の需要だけではもたない」「日本でも米国のように、リモデルの需要が増えるのではないか」という意見が出ていた。13代社長の重渕は、実際に米国市場を視察してリモデル事業の可能性を感じ、本腰を入れて取り組もうと考えた。その際、実行部隊の指揮官として目を付けた人材が張本だった。

重渕からリモデル事業の話を持ちかけられたとき、営業企画部長だった張本は「この事業がTOTOの国内市場を支える柱となるのか、まだ自分にはわかりません。調査する時間をください」と答えたという。[★2] 経営陣がリモデル事業の可能性を説いても、張本をはじめ現場

★2―みずほ総合研究所『Fole』2013年2月号「私の経営戦略」インタビューより。

の営業の人間は「実態のない夢のような話」としか受け止めていなかった。「そうは言っても、自分が役目を仰せつかった以上は、責任を持って取り組める事業かどうかを見定めたい」。そう考えた張本は、3カ月の猶予をもらって日本のリモデル市場の規模や、内訳を調べ始める。しかし、すぐに調査は行き詰まる。そもそも、数字がないのである。市場規模もわからなければ、TOTOの売り上げのうち、新築とリモデルが占める構成比率すらわからない。なぜ、これほどデータがないのか。

2 リモデル事業の数字を見つけ出せ！

数字が見えてこない理由は、TOTOのビジネスモデルにあった。

衛生陶器というのは、**歩留まり**★3の悪い商材である。陶芸を経験したことがある人ならわかると思うが、粘土の状態で真っすぐに線を引いても、窯で焼くとその線がゆがんでしまう。陶器は高温で焼くため、成形段階から焼き上がりまでの間に約10%強もの収縮が起きる。しかも、粘土の部分によって水分の含有率が異なるため、焼き上がりの前と後で同じ形状を保つのが非常に難しい。これを技術力によって解決したのがTOTOとINAX（現・LIXIL）である。両社は、衛生陶器で他社がまねできない歩留まりの高さを実現し、高品質・低コストによる競争優位を確立している。他社はこのレベルの歩留まりを達成するのが難しく、これが高い参入障壁となっている。

ものづくりの力によって支えられた商品を、TOTOはどのように売っていたのか。営業の社員が**販売チャネル**(卸と工務店)に足を運び、担当者と密接な信頼関係を築いてTOTOの商品を扱ってもらうという昔ながらの販売スタイルを貫いていた。高い歩留まりと同様に、地道な努力によって作り上げたチャネルとの強固なネットワークも他社にとっての参入障壁になっていたが、半面、チャネルから先にいる顧客が誰なのか、どういう買い方をしているのかがTOTO側からは全く見えない、という状況になっていた。価格の交渉力という点でも、顧客と接しているチャネルの側に強みがあるという状況であった。

住宅の新築着工戸数が順調に増えているときなら、ものづくりの力を磨き、その先の販売はチャネルに任せていても(営業が最終顧客ではなくチャネルの担当者だけを見ていても)、TOTOは売り上げを伸ばすことができた。いや、むしろ、自分たちはものづくりとチャネルへの奉仕という仕事に集中している方が、かえって効率的だったのかもしれない。

しかし、高度成長が終わって新築着工戸数が減り、リモデル事業に移行しようとしたとき、チャネルから先の顧客との接点を持っていないということが、TOTOにとって決定的な問題になる。新しい戦略を立てようにもデータがなく、顧客のニーズをハンズオンで理解して

★3—生産された製品の全体のうち、不良品でない製品が占める割合のこと。

いるとは言い難かったのである。

自社にデータがないと知った張本は、政府の統計資料を当たることにした。住宅統計調査や建築業登録事業者数などを徹底的に調べ上げ、リモデルについての仮説を組み立てていった。張本は当時のことを「若い社員と総務省の統計局に行って、フロッピーにも入っていないような資料の元本からひたすら数字を拾い、資料に落とし込んでいった」と話している。

この気の遠くなるような細かい作業を経て、日本人が水回りをリモデルする平均的なサイクルは、便器で約40年、キッチンで約25年という数字を導き出す。ビジネスチャンスは多くないが、一家庭がかける金額の累計は40年間で約８００万円とかなり大きい。２０００年当時は「そろそろ新築着工戸数が１００万戸を切る」といわれていて、★4 その兆候が見え始めたころだった。統計資料を集め、仮説を立てていくにつれて、「リモデルの市場に今から出ていかないとまずいことになる」と張本は気づく。自ら数字を積み上げて、リモデル事業の成長余地の大きさと、背景にある社会の変化を理解したのである。

3 調査で得た2つの「気づき」

張本の報告を聞いた社長の重渕は、ＴＯＴＯが運営する全国のショールームを拡充し、顧客との接点を増やす施策を進めた。同時に、チャネル頼りの営業を改革するプロジェクトが発足した。「流通営業から接点営業」「御用聞き営業からソリューション営業」「属人営業から組織営業」のキーワードを掲げて、**「顧客がいる場所」**に営業が出かけていくことを推奨したのである。リモデル事業の責任者として、張本は重渕と事あるごとに会話しながら、これらの施策に参画し、増えた顧客との接点を生かしてデータを集めていった。

このときの経験とデータ収集から、張本は2つの「気づき」を得た。

水回りのリモデルが20～40年に1度だとしたら、TOTOの製品を買った顧客は買い替えるまでの長い期間、1日のうちに何度もトイレや洗面所といった「くつろぎの場所」でTOTOのマークを目にする。長期にわたって、毎日安心して使ってもらうことで製品への信頼が生まれる。こうやって、時間をかけて自然とTOTOのブランドの素地が形成されるというのが、1つ目の気づきである。

さらに、買い替えサイクルが長いことによるメリットにも気がついた。20年ぶりにトイレをリモデルするとしたら、その間の技術進歩のインパクトは非常に大きい。節水効果や脱臭の技術、汚れの付着を防止する技術など、毎年こつこつと改良を加えているわけだから、20

★4—国内の新築着工戸数はバブル崩壊以降に低迷し、リーマン・ショックが起きた翌年に100万戸を切った。それ以来100万戸を超えていない。2015年の新設住宅着工戸数は90万9299戸（国土交通省「住宅着工統計」）。

年前に買ったトイレとはあらゆる面で雲泥の差がある。ショールームで新しいトイレを見た顧客が一様に驚き、感動することに張本は気づく。これが2つ目の気づきである。

ショールームで高額商品を売る

張本が社長となり、策定した「TOTO Vプラン2017」では、これらの気づきが具体的な戦略に落とし込まれている。より具体的には、顧客をまずショールームに呼び込み、対話して相手のニーズを見ながら新製品を紹介し、技術進歩のインパクトを感じてもらう。20年の改良が累積された新製品と自宅の古い製品を比較するのだから、その効果は絶大である。実際、最高級のタンクレストイレ「ネオレスト」［図2-2］は、購入者の50%がショールーム来訪者だという。水回りの製品は買い替えるまでに顧客が毎日使い、長

図 2-2 ★衛生陶器の進歩

国産初の水洗式腰掛便器が1914年に誕生

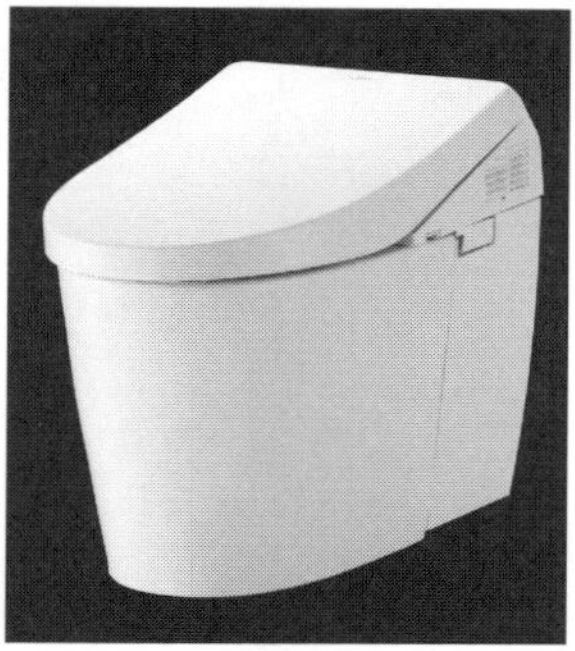

最新のネオレストは除菌機能も付いた洗浄水量 3.8 Lの節水便器

資料：TOTO 提供

年の経験が蓄積されている。それだけに技術の粋が尽くされた高額商品の使い心地に感動を覚えるのだろう。

しかもリモデル市場では水回りは主役である。新築の家を建てるときは、家そのものが主役であり、水回りはパッケージの一部として扱われがちだが、リモデルの際には最も注目される焦点となる。さまざまな機能、快適さをショールームで見て実感して、顧客は「これしかない」と思う。ショールーム来訪によって採用を決めた顧客が全売り上げに占める割合は、キッチンが約9割、風呂が約7割、洗面台が約5割、トイレが約4割と高い実績を上げている。高額商品になるほど、この率も上がる。

ショールーム来訪者が製品の購入を検討し始めたら、工務店や施工業者を紹介する。この流れをつくる上で、TOTOは増改築の提案から施工、アフターサービスまでをサポートできる施工業者を「リモデルクラブ店」として組織化した。認定業者は全国に5000店以上存在し、TOTOが建材大手のDAIKEN、サッシ・ドア大手のYKK APと提携して開発した製品・サービスを販売している。施工業者とのネットワークを築くことで、どのような顧客に何をどう売ったかなど、情報の共有ができるようになった。これはTOTOにとって非常に大きな収穫である。

バリューチェーン全体の主導権を得る

これら一連の改革［図2-3］によって、TOTOはかつての「チャネル任せ」の市場戦略から完全に抜け出した。顧客がTOTOのショールームを訪れて買うというのは、特定ブランドを**「指名買い」**していることになる。「これしかない」と顧客が思っているのであるから、他社との価格競争に陥りにくく、値崩れが起きにくい。しかも、TOTOを指名して購入してくれるわけだから、価格交渉力という点でもメーカー側に有利になる。ショールームを使って「どうしてもこれがほしい」と思う顧客を増やすことで、高い利益率の達成が可能になるのである。これは販売個数の拡大を望めない成熟時代に、利益を確保する上で重要なことである。

さらに、張本は顧客との接点が増えたことを生かして、さまざまな種類のデータを取っている。例えば来場者のデータについては、「施策来訪者（チラシなど施

図 2-3 ★リモデル事業の改革

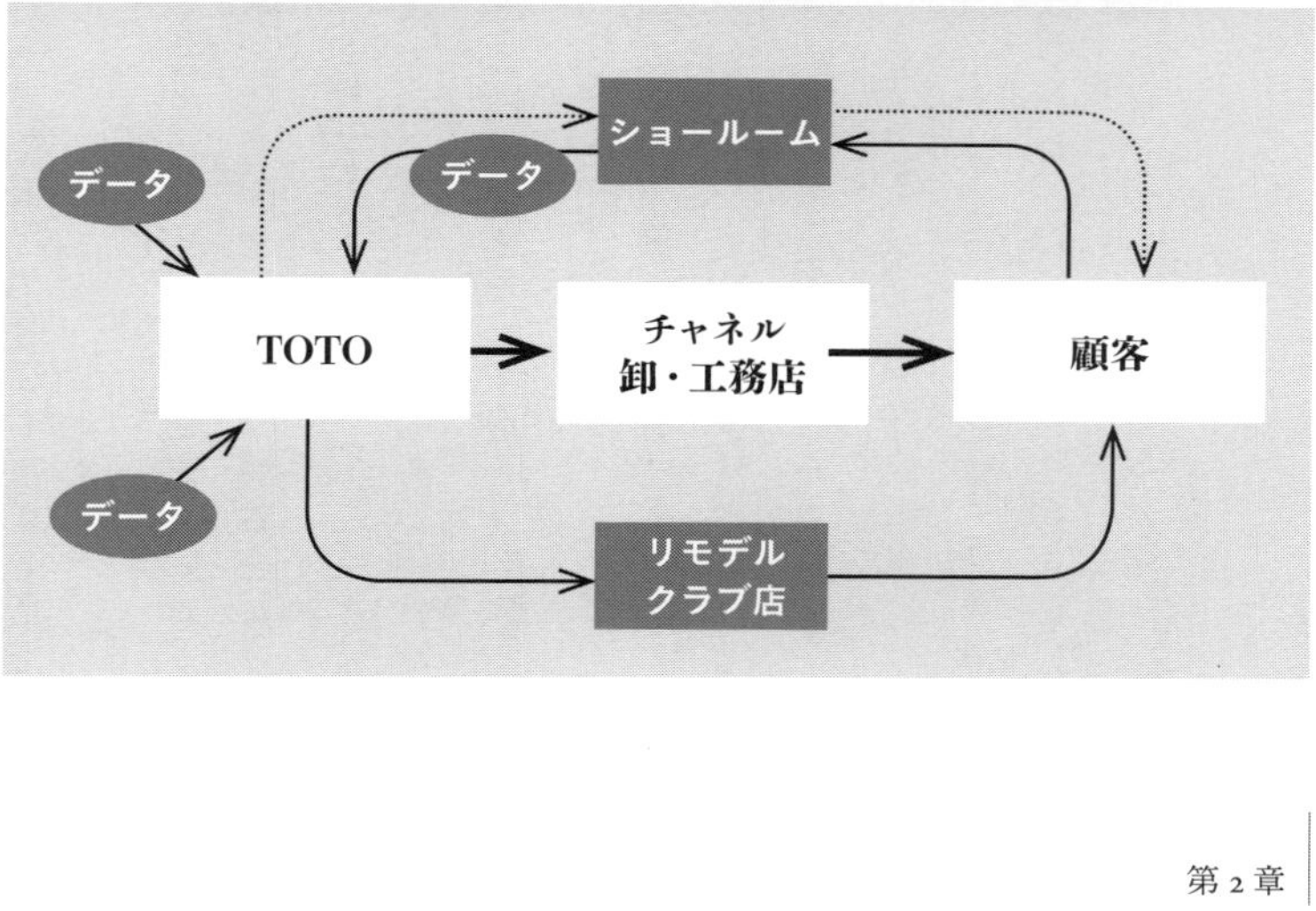

策の結果、来訪した客)」と、「自然来訪者」を分けて分析に使っている。こちらの施策とは独立に来訪する「自然来訪者」は、市況感をつかむ上で非常に重要なデータである。

顧客との接点拡大、そしてデータの充実により、TOTOはニーズや社会動向を読んで主体的な営業戦略を立てられるようになった。それは同時に商品開発、ものづくりにも共有され、**バリューチェーン**[★5]全体をTOTOが自らコントロールできるようになったことを意味する。ここがTOTOの国内事業の転換において、最も重要な点である。リモデル事業を推進し、ショールームを増やして対市場戦略を大きく変えることで、TOTOは主体的な販売・マーケティング戦略を策定するイニシアティブを強化したのである。自分たちが直接顧客とかかわり、データを持てるようになったおかげで、何を作ってどう売るかをバリューチェーン全体で考え、実行できるようになったということである。

張本が2000年にリモデル事業の市場を調査したことがきっかけで始まった「メカニズムの解明」は、「TOTO Vプラン2017」に見事に生かされている。リモデル事業は安定的に伸びており、2015年度決算を見ると国内住設備の売り上げ全体(4203億円)に占めるリモデル事業の売り上げ(2844億円)は67%強に達し、国内事業を支える大きな柱

★5―「価値連鎖」。ある製品が顧客に届くまでにはさまざまな機能が相互に関連し合っており、その連鎖を通じて顧客にとっての「価値」がつくられる。この一連の過程のことを価値連鎖と呼ぶ。マイケル・E・ポーターによって提唱された分析概念。

となっている。

新築着工戸数の頭打ちという事態に直面したとき、張本が徹底してデータを洗い出して数字に向き合い、深く思考して行ったリモデル市場のメカニズム解明は的確だった。時間をかけて築かれるブランド・イメージと、リモデルの際の感動という「顧客の気持ち」を理解したことも大きな成功要因だった。それらの知見を総合したビジネスの基本構造の理解こそが、張本の創り出した最大の経営資源かもしれない。

4 新興国も「ゆっくり」攻める

TOTOは張本の改革によって国内事業の基盤を強固に確立し直したが、企業成長のためには成熟した国内市場だけでは不足している。張本は国内でリモデル事業が収益の柱に育つめどが立ち、最悪の状況を脱すると、海外展開にも力を入れ始める。成長のエンジンを、中国をはじめとするアジア新興国に求めるためである。ここで独特なのは、TOTOが成長スピードの速い新興国でも**「ゆっくり成長する」**道を選んでいることだ［図2-4（→p.67）］。

トイレのトップ・メーカーとして認知され、シェア6割を押さえる日本市場と同じように、TOTOは進出中の新興国でも、製品の良さを多くの人々に認知してもらおうとしている。ボリュームゾーン★6の需要を焦って取りに行くのではなく、時間をかけて人々の意識に「TOTOは信用できる」「お金を払う価値のあるブランドだ」という好印象を形成するのである。そのために何が必要だろうか。

TOTOは新しく進出する国では、まず「上」から浸透することを狙う。より高級感がある場所、より高所得層が使う場所を狙うのである。その層が利用する場所にTOTO製品を設置して、TOTOの品質や機能を実感してもらうことを意図的に仕掛けている。具体的には、空港などの公共空間、高級ホテルといった場所である。まずアッパークラスが使用価値を認め、自分が家を建てるときにTOTOのトイレを指名する。その家に遊びに来た人たちなどの間で、徐々にハイエンド製

★6――消費活動の活発な、新興国の中間所得層のこと。

図 2-4★海外のウォシュレット販売台数の実績と計画

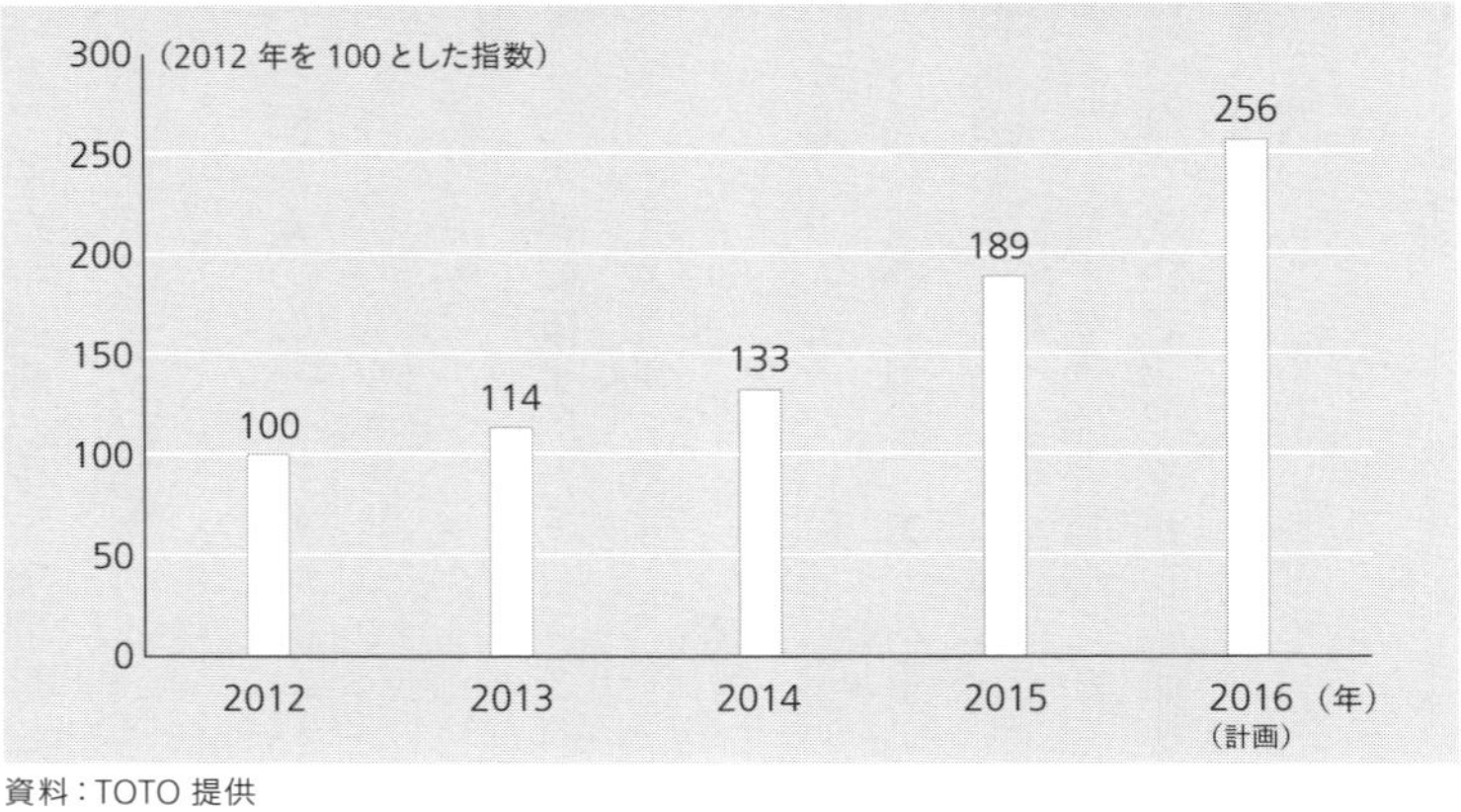

資料：TOTO 提供

品としてのあこがれが醸成される。そうすると、所得が増えてきた中間層が少し無理をしても自分の家にもＴＯＴＯのトイレを入れたいと思う。このゆっくりとした連鎖をＴＯＴＯは狙っているのである。張本は、「10年、20年かけてブランドを浸透させていく」と言う。

これは競合大手であるＬＩＸＩＬグループが追求しているM&A★7の戦略とは対照的な打ち手である。ＬＩＸＩＬグループはある意味、Ｍ＆Ａによって各地域のチャネルとのつながりを買っている。海外展開を行う際に販売チャネルは絶対に必要だから、こうやってスピード感を持ってチャネルを押さえ、中間層の顧客を取っていく手は非常に効果的だろう。これはこれで自分でゼロから始めたらかかってしまう「時間」を買う有効な戦略の筋道なのである。

一方、ＴＯＴＯは機動的に「時間を買う」という戦略ではなく、ゆっくりとしたブランドの認知・浸透を優先している。そのためにアッパークラスから入り、徐々に中間層に裾野を広げていく。空港や高級ホテルにＴＯＴＯの衛生陶器が入り込めている限り、アッパークラスの人たちがＴＯＴＯの製品を指名買いしてくれる可能性があるわけだから、これも一つの合理的な戦略シナリオである。指名買いされるブランドに育てれば、チャネルはそこから自然とできていく。一つの産業には一つの戦略しか存在しないのではない。存続可能な戦略は複数存在する。その点を学ぶにもこの業界の競争は興味深い。

★7――企業の合併・買収の総称。Merger & Acquisitionの略。

第2章 Chapter

point

- 急激に成長した後には成熟期が訪れ、企業にさまざまな影響を及ぼす
- データを持つことで、市場のメカニズムが解明できる
- 指名買いされるブランドに育てることで、チャネルは構築できる

個人事業主から「経営者」に脱皮する

第3章 Chapter

キーワード

スパン・オブ・コントロール
チェーンストアの本質

個人店の経営者と企業の経営者との違いはどこにあるのか？本章では、個人店の経営者から東証Ⅰ部上場企業にまで育て上げた2人のラーメン店の経営者を取り上げる。「幸楽苑」の創業者・新井田傳はどのようにしてスパン・オブ・コントロールの罠から抜け出したのだろうか、また、「ハイデイ日高」の創業者・神田正のユニークな経営戦略とは、どのようなものなのだろうか。

ケース 4

幸楽苑の事例

サービス業から製造直販業への大転換

社長の新井田傳は、
福島県会津若松市で父が経営していた大衆食堂を継ぎ、
30 歳のときには会津地域で 6 店舗の異なる業種の飲食店を経営するが、
店舗管理の負荷の増大という課題に直面する。
そこから新井田はラーメン店に業種を絞る形で見事に苦境を乗り切り、
521 店舗を展開する大手ラーメン・チェーンへの転換に成功した。

1 店が増えるほど苦しくなる「スパン・オブ・コントロールの罠」

街にはたくさんの店舗があり、その店主たちがいる。こだわりの逸品を提供する個性派レストランのオーナー・シェフもいれば、地域に5店、10店と展開する中規模レストラン・チェーンの経営者もいる。このような個人店や中規模チェーンの経営者と、大企業の経営者の違いはどこにあるのだろうか。第3章では、ラーメン店1店舗からスタートし、東証1部上場にまで企業を育て上げた2人の経営者が登場する。彼らが個人店の経営者から脱皮し、大きな経営戦略とその実現に向けたシナリオを描いて企業を成長させていく過程には、経営戦略論を学ぶ上で重要なポイントがいくつも含まれている。早速、事例を見ていこう。

一人目は、東北と関東地方を中心にラーメン店「幸楽苑」521店舗（2015年3月期）を展開する大手ラーメン・チェーン、幸楽苑ホールディングス（以下、幸楽苑）の創業社長・新井田傳である。[★1] 新井田は18歳のとき、福島県会津若松市で父が経営していた大衆食堂「味よし食堂」を継ぐ決心をする。まず料理人としてきちんとした腕を身につけようと、東京で中華料理の修業をし、会津に戻る。地元の進学校を卒業していた彼は、大学に進まずに家業を継ぐ際、「せっかくやるなら会津一、福島一の食堂にしよう」と高い志を立てた。資本も人材もない中でどうすれば福島一になれるかを考え、「小さい店をたくさん出そう」という結論を導き出した。

同じエリアで似た店を出すと**カニバリゼーション**（→第1章）を起こすから、違う業態の店を出そう。大衆食堂と競合にならないような、専門業態の店をいくつも出していこう。そう考えて徐々に店を増やし、中華料理店、ラーメン専門店、カレー専門店、喫茶店など、異なる業態の6店舗を会津地域で経営するに至った。新井田が30歳のときのことである。

全店舗の売上高を足し合わせれば、文字通り事業規模は会津で一番になった。しかし、福島一を目指す前に、新井田は大きな経営上の壁にぶつかる。6店舗の管理に手が回らないのである。1店舗ずつ業態が違うのだから、店に来る顧客のタイプやニーズが異なり、ピークになる時間帯も違う。原材料がそれぞれ異なり、タイプの異なる人を雇って指導するので、それぞれの店舗で管理のやり方がばらばらになる。店ごとに個別に対応しながら経営するうちに、気がついたら管理の負荷が新井田のキャパシティを超え始めていた。

一人の経営者の頭で対応できる限界

経営学には**「span of control（スパン・オブ・コントロール）」**という考え方がある。[★2] 上司一人が管理できる部下の数を指し、おおよそ一人の上司当たり4～8人の部下が限界だとい

★1―みずほ総合研究所『Fole』2013年4月号「私の経営戦略」インタビューより。

われている。もちろん、業務がマニュアル化され、均質化された職場の場合などでは、スパン・オブ・コントロールの数は10人、20人と格段に増える。しかし、チームワークで仕事をしたり、一方の仕事の成果物が他方の仕事の材料になっているような複雑な相互依存関係がある場合や、それぞれの部下の仕事が異質な場合には、聖徳太子や清の雍正帝《ようせいてい》のような超人的な能力者でない限り、この制約から逃れることは難しい。英語の**セブラル**（several：4～8人程度）が限界だというのが古くからの経験則である。

今から振り返ってみれば、異なる業態の店を6店舗出店した時点で、新井田はこのスパン・オブ・コントロールの限界に到達していたのである。異なるタイプの店舗を多数展開することで、店舗ごとに異なるニーズ、オーダー、問題が生じてくる。企業が直面する環境があまりにも複雑・多様になり、一人の経営者の頭では対応が追いつかなくなってくる。会津地域では、カニバリゼーションを起こさず、順調に店舗の数を増やして売り上げナンバーワンになったかに見えた。だが、規模を大きくすればするほど、新井田の直面する課題に異質なものが増えていくことになり、情報処理負荷が情報処理能力を超えてしまう。一人の上司が大勢の部下を抱え過ぎて管理能力の限界を超えてしまうのと同じように、経営者としてあまりに複雑・多様な環境をつくり過ぎ、パンク寸前になってしまったのである。

マネジメントが追いつかない。現状に対して、一つ一つの意思決定を下す時間も体力も足りない——。この局面を、どう打開すればいいのか。

2 これはサービス業でなく、製造直販業である

「会津一、福島一の食堂にする」と意気込んだものの、多店舗展開で規模を拡大すると自分の管理能力のキャパシティを超えてしまう。新井田はなぜこうなるのか、どうすればこの局面を乗り越えて企業を成長させられるのか、大いに悩む。おそらくいろいろな勉強をしただろうが、その中でも、日本で初めて本格的な**チェーンストア理論**を体系化し、多くの企業経営者を指導していた渥美俊一[★3]の研修セミナー「ペガサスクラブ」で聞いた話が、彼に進むべき道を与える大きなきっかけとなる。

新井田は渥美のチェーンストアに関する講義を聞き、「多様な店舗にするから、管理コストがかかる。店の種類を限定しなければいけない」と気づく。そこから、「外食産業という

★2―管理・統制の幅や範囲、限界のこと。管理階層で各管理者の職務の及ぶ部下数を示す。管理者当人はもとより、上司や部下の能力や熟練度、当該職務の形態や統制制度など、さまざまな要因によって左右される。

★3―経営コンサルタント。流通の近代化を通じた生活水準向上の可能性を、米国式チェーンストアの経営手法のうちにみいだす。読売新聞社在職中の1962年、チェーンストア経営研究団体ペガサスクラブを主宰。以後、経営コンサルタントとして、今日大手小売チェーンに成長した各社を含む約700社を指導した。2010年没。

のは、やみくもに店の数を追求して多様な業態に手を出すことではメリットが出ない。むしろ絞られた業態で店舗数を増やし、そこで販売されるものを自社内のセントラル・キッチンで大量生産し、そこでのコストダウンの効果がチェーンの強みになる」という気づきを得る。彼の頭の中で、飲食業が「サービス業」から、**「製造直販業」**に転換した瞬間だった。

図3-1(→p.79)を見てほしい。これは個人店を構える多くの経営者が行っていることである。例えば、ある腕の立つフレンチのシェフがレストランを開いたところ、おいしいと評判になり大成功した。次に、同じシェフの名前を使って少しカジュアルな形態で2店舗目を出す。その店もはやったので、デパートに出店し、レストランで提供しているパンや惣菜を売ることにした。こうやって店舗を増やしていって、レストランのブランド価値を落とさないような品質で食事とサービスを提供できるのは、せいぜい4、5店までだろう。図3-1に見られるように、このやり方の問題は、新井田の例と同じく、**「経営者の頭脳(管理能力・情報処理能力)」**がボトルネックになることである。「ふつうの経営者」の多くは、ここで成長を止める。フレンチのシェフが経営する高品質のレストランは、彼が現役でいる限り(または出来の良い弟子を丁寧に育てて店を譲って)一定のファンに支え続けられるだろう。しかし、顧客の数がそれ以上増えることはない。

新井田は、このレベルからさらに企業を成長させることを考えた。その結果としてたどり着いたのが、図3-2(→p.79)で表される仕組み、すなわち「製造直販業」というビジネ

図 3-1 ★同じ商圏でさまざまな店を経営する

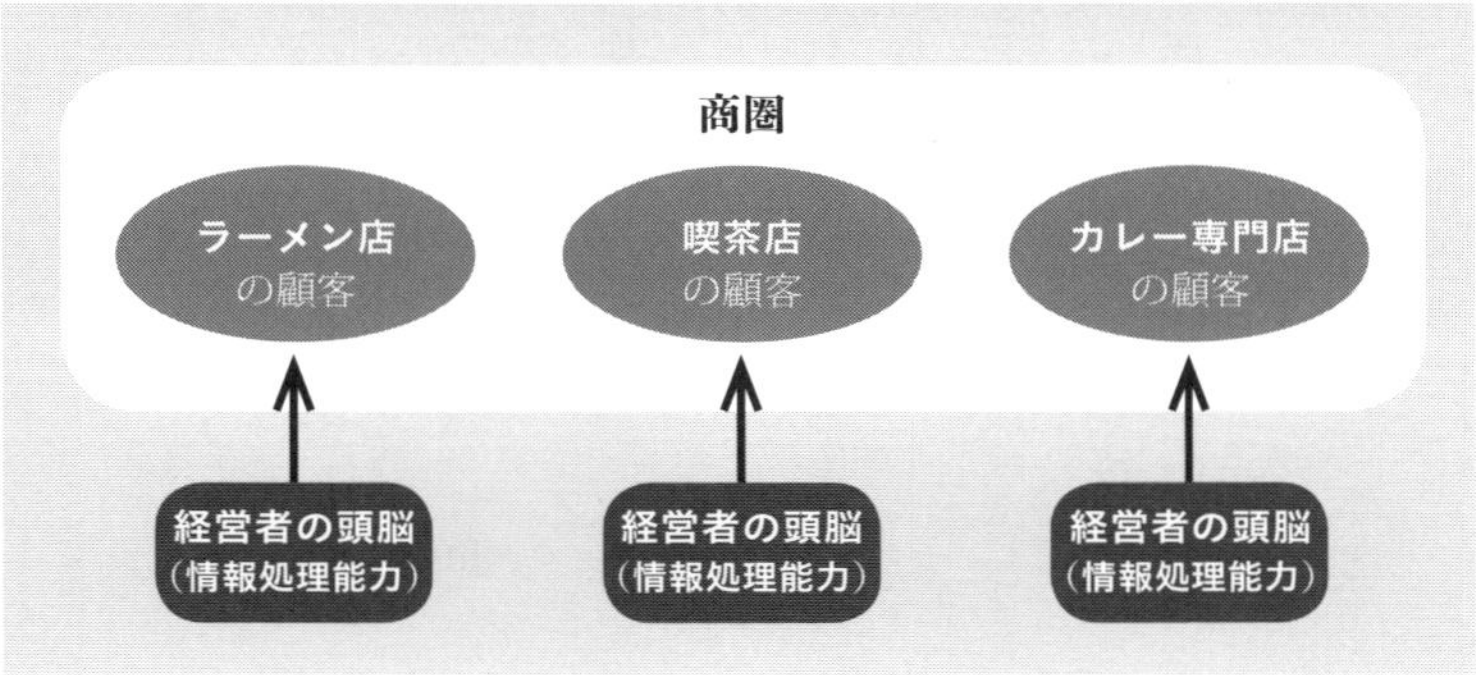

図 3-2 ★さまざまな商圏で同じ店を経営する

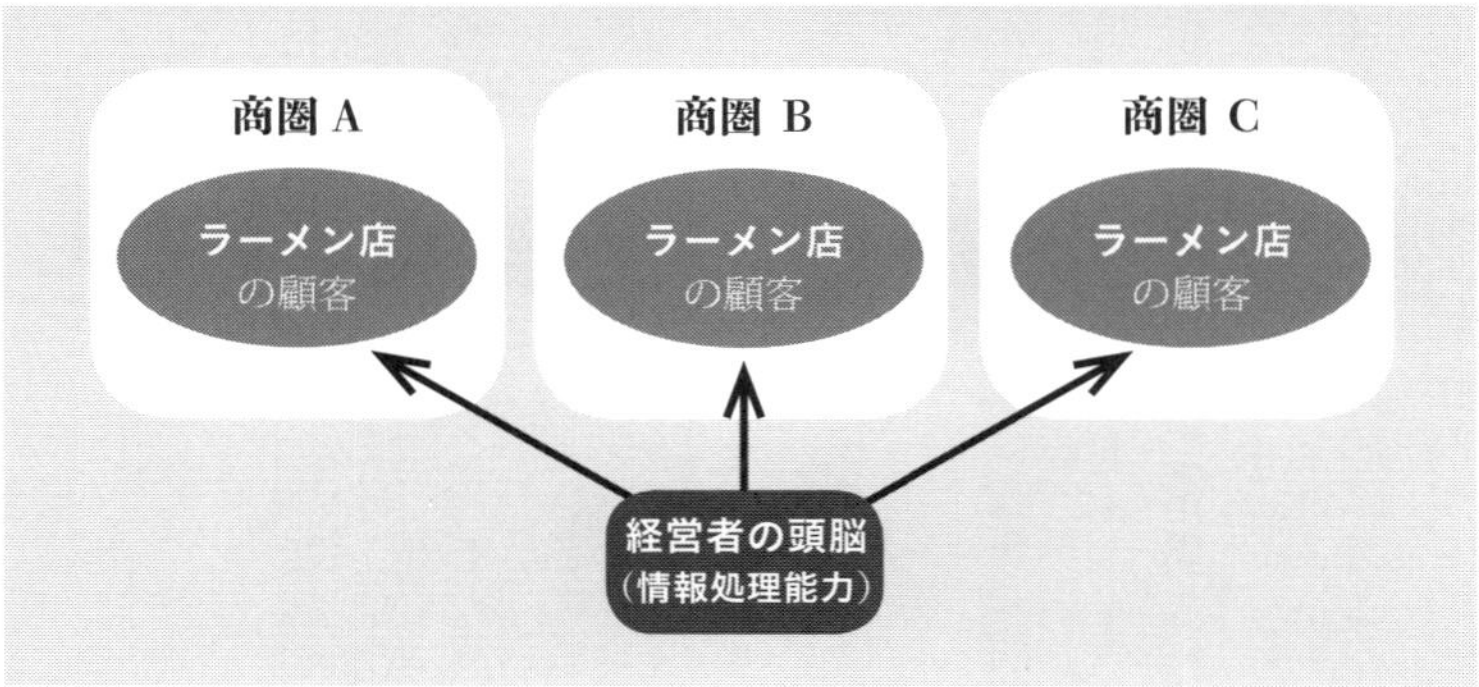

ス・モデルだった。

「経営」とは「他の人に仕事をしてもらうこと」

同じ業態のレストランを多店舗展開し、同じ食品を大量に店頭で提供できるのであれば、そのメリットは上流工程の食品工場部分で達成される。大量に同じものを作るのだから、原材料費を大量購買によって抑えたり、製造設備の規模を大きくして大量生産したり、コストを低く抑えることができる。他の個人店が同じ原材料を使っているのなら、チェーン店の方が安く商品を提供でき、同じ価格ならよりよい素材で質を高めることもできる。食品チェーンのメリットは、レストランという表の顔の部分ではなく、セントラル・キッチンや、さらにそれが進化して自動生産に近づいた**コミッサリー**[★4]と呼ばれる製造工場の部分から生まれるのである。

また、同じ業態に絞り込むことで、「経営者の頭脳」という希少な資源を節約することもできる。店舗運営のノウハウも多店舗で共有でき、出店の判断についても徐々に精度を上げて、店舗当たりの売上高を確保できるように工夫できる。業態が異なれば、それぞれに考えなければならないことが出現してくるが、同じ業態であれば店舗数が多くなってもスパン・オブ・コントロールの限界を超えられる。新井田は6店舗の段階で首が回らなくなったが、図3-1から図3-2に移行すれば、自分の管理能力の範囲内で、10店舗、50店舗と店を増やすことができる。さらに、1店舗目で得たノウハウを2店舗目以降の経営にそのまま活用できたり、新しい試みをする際にどこかの店舗で実験してから本格導入することも可能になる。カニバリゼーションの問題は、商圏をずらして顧客が重ならない地域に出店すれば解決できる。

新井田はペガサスクラブでの学びと自分自身の経験から、チェーンストアの本質をつかんだのである。経営学者の伊丹敬之[★5]は、「経営」とはつまるところ**「他の人に仕事をしてもらうこと」**だと指摘している。“Doing things through others”だというのである。「製造直販業」のビジネス・モデルを発想し、チェーンストアへの移行を実践し始めた瞬間に、新井田は個人店の経営者から、企業を大きく成長させる経営者に生まれ変わったといえる。

★4―食品加工工場のこと。生産品目を絞り込み、大量に生産して効率化を図ることができる。これに対し、ファミリーレストランや居酒屋チェーンなどは、幅広いメニューを提供する必要から多品種少量生産となるため、多くがセントラル・キッチンを導入している。

★5―一橋大学名誉教授。現在は東京理科大学教授。

3 成長の限界から脱出する

ペガサスクラブでの学びがきっかけで「製造直販業になる」というビジネス・モデルを描いた新井田は、商材をラーメンとギョーザに絞り、自宅を改装して製麺機とギョーザ製造機を設置し、初歩的な**「セントラル・キッチン」**を始めることになる。1975年に建設されたこの自前の「セントラル・キッチン」が、現在の幸楽苑チェーンの原点である。そこから店舗数の増加とともに、店頭ではなく工場で製造するものを増やし、機械の性能も上げていった。

2004年に神奈川県小田原市に小田原工場（第二工場）［図3-3（→p.83）］を新設した際、新井田は念願のコミッサリーを完成させる。セントラル・キッチンが自宅のキッチンの鍋釜を巨大にした工場をイメージさせるものであるのに対して、コミッサリーとは製造工程が全体的に自動化された工場を指して使われることばである。小田原工場では、麺の原料となる粉をサイロに搬入した後、カンスイを投入して練り、麺に加工して袋詰めされるまでの一連の工程がラインでつながっており、機械の動きや工場の室温などはコンピューターで自動制御されている。ギョーザも同様に、ラインで機械的に作られて瞬間冷凍され、袋詰め

図 3-3 ★小田原工場と幸楽苑の代表的なメニュー

小田原工場

二代目醤油らーめん司

ギョーザ

資料：幸楽苑提供

図 3-4 ★経営者が店舗しか見ていない

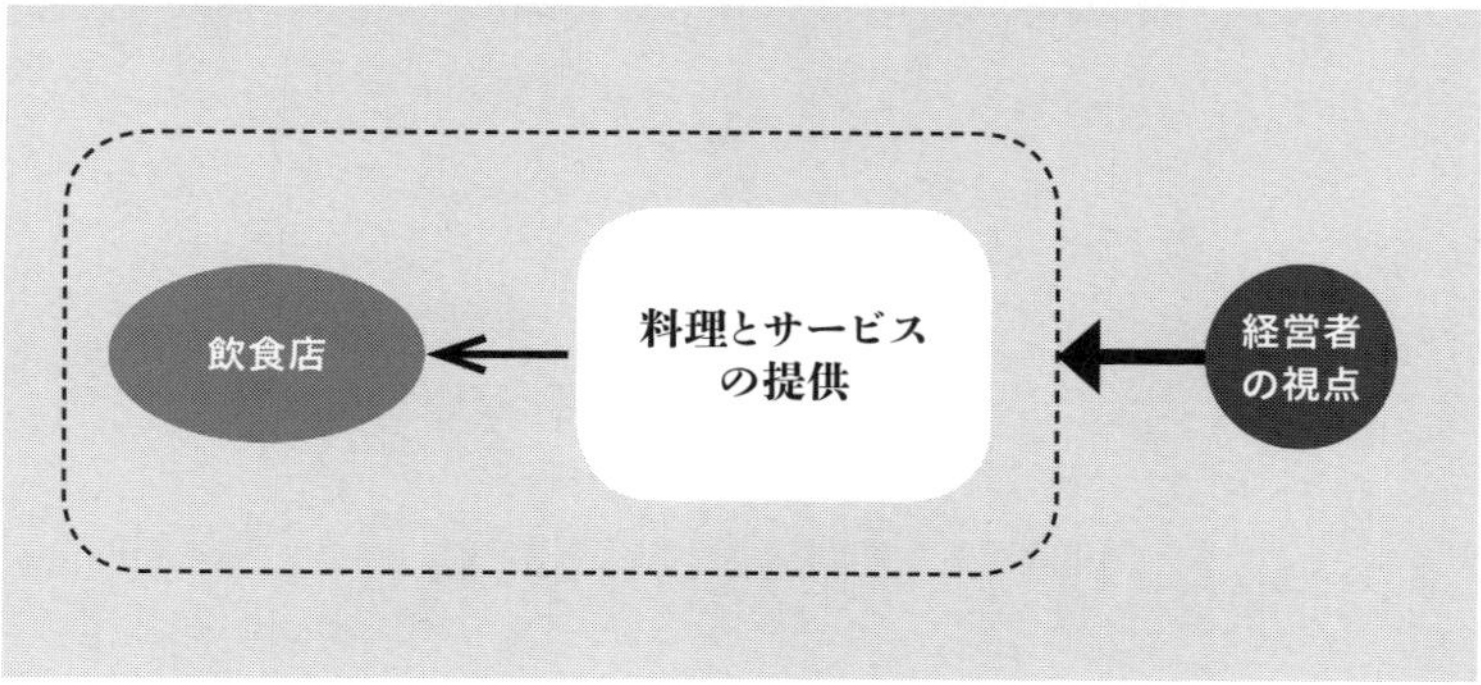

図 3-5 ★経営者が店舗を取り巻く状況まで見えている

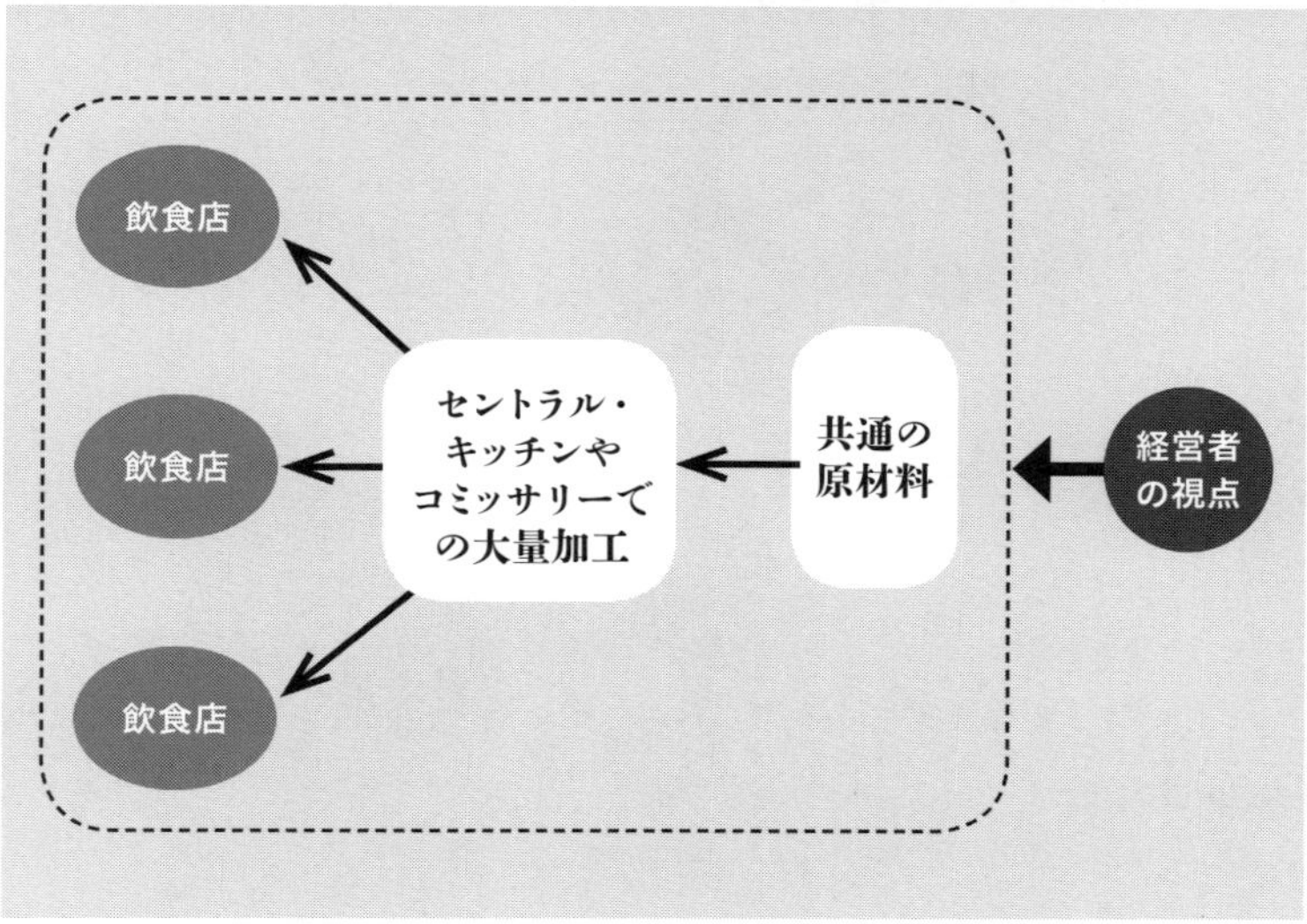

される。新井田は、インタビューでコミッサリーの意義をこう語っていた。

「セントラル・キッチンは、まだまだ食堂の延長線上でしかありません。鍋釜が大きな機械に置き換わっただけで、完全に自動化していない。理想はコミッサリーで、機械に食材を入れると、30メートル先で商品となって出てくる。その間、人が全く携わらない。ずっと夢見ていたそんなコミッサリーを小田原工場で実現したのです」。

外食チェーンは通常、作業の効率化とコスト削減のために、ある程度セントラル・キッチンで調理をして各店舗に配送する。新井田はそれでもまだ合理化・機械化が足りないと考えていた。工場の中に製造業の手法をもっと導入して、同じ味で低価格にできる。そのためにメニューの幅広いラインアップを捨て、幸楽苑は麺類・ギョーザ・チャーハンに絞って提供している。メニュー構成も、「製造直販業」の発想から遡《さかのぼ》って考えられているのである。

飲食業の店主というのは、どうしても「店でおいしいものを作って、いいサービスで提供する」ことに注意を向けがちである。それは図3-4（→p.84）のように、「自分」と「店」しか見えていない状態として表せるだろう。もちろん、土台にはおいしいメニューといいサービスがなくてはいけないが、それだけでは企業を成長させることはできない。そこから一歩抜きんでるには、視野を広げて、図3-5（→p.84）のような仕組みを作ることに着手しなければいけない。このことに気づくことができるのは、ビジネスの背後の構造を考え抜くことができる、ごく一握りの経営者だけである。

いまや日本を代表する牛丼チェーンとなった吉野家も、そのチェーン化を始めた創業者・松田瑞穂[★6]は図3-4から図3-5への大きな視点転換を経験している。松田は築地の牛丼店を繁盛させ、1店舗で年商1億円にまで成長させた。商品を完成させ、オペレーションを完成させ、完璧な店に仕上げることで1店舗で年商1億円を達成したのである。しかし、自分一人で経営して稼げるのは年商1億円が限界で（それだけでもすごいことだが）、どうすればそれ以上の年商に到達できるのか悩み抜いていたという。とことん考え抜いても答えが出せなかった松田は、ペガサスクラブの渥美から「同じ店をもう1店舗出せばいい」と言われて目からうろこが落ちたという。

今から考えれば誰にでも思いつきそうに見えるだろうが、真剣に一つの店舗の完成に向けた努力をしているレストラン・オーナーにとって、同じ店を多店舗展開するという発想は異質なものだったのである。オペレーションの完成という点では傑出した経営者だった松田も、1店舗目を必死で成功させたときは図3-4の視点しか持たなかった。図3-4から抜け出すのがどれほど難しいかということを示唆する逸話である。

戦略に適した組織をつくる

第1章で紹介したストライプインターナショナルの場合、複数のブランドでそれぞれ異なる市場セグメントに対応し、それでいてなお、混乱なく経営できているように見える。本章で議論した幸楽苑の新井田が福島で6店舗を出店したときに直面したスパン・オブ・コントロールの限界を、ストライプインターナショナルの石川はどのように克服しているのだろうか。

答えの一つは**分権化**と**コントロール・システムの標準化**であろう。新井田はそれぞれに課題を抱える6店舗を同時に運営していた。もしこれが、5店舗については大きな問題がなく、それぞれに店長を雇用して任せておけば十分に利益を上げてくれる状況にあり、1店舗だけ立ち上げに苦労しているという状況であれば、経営者の直面する情報処理負荷は過大なものにはならない。問題のある1店舗だけに注意を集中して、その他の店については信頼できる店長に任せて、財務指標などでコントロールしていればよいのである。しかし、逆に、すべての店舗がスムーズに運営できておらず、それぞれに安定した経営を目指して必死な状況であれば、一人の経営者がすべてに介入して打開策を打ち出す必要に迫られる。この「すべて」に対応するのは困難であろう。新井田が直面していた状況は、多くの店に直接介入が必要な状況だったのだと思われる。

これに対して、ストライプインターナショナルの場合は、ブランドのスタート時期には

★6―東京築地で家業の牛丼店を継ぎ、牛丼チェーン店「吉野家」を創業。和風ファストフードの草分けとなる。のち拡大戦略に失敗して1980年に会社更生法の適用を申請。経営権をセゾングループに売却した。1998年没。

石川がコンセプト設計を含めて直接介入するにせよ、多くのブランドがいったん軌道に乗り始めれば、オペレーションをプログラム（マニュアル）化し、有能なブランド・マネジャーに権限委譲して各種の指標を定期的にチェックしていくという経営スタイルをとることができる。一見同じように多数の事業を抱えているように見えても、経営者の直面している実態は相当に異なっていたのだと思われる。

この議論から得られる知見は、「多様な事業・ブランドへの多角化を進めるなら、それぞれのオペレーションを標準化し、事業を任せられる経営管理者を育成したり、採用したりして、組織の分権化を進める必要がある」ということである。戦略の組み方次第で、それに適した組織を考えないとならないのである。**「組織は戦略に従う」**（アルフレッド・チャンドラー）という命題を、経営戦略の策定時に常に意識しておくことが重要である。

ケース 5

ハイデイ日高の事例

お客さんを追いかけてシステムができた

創業者の神田正は、
27 歳で初めて、埼玉県にラーメン店を開く。
徹底的に顧客を観察することによって、
「駅前に出店し、ラーメンを 1 杯 390 円で出す」という
独自のビジネス・モデルを成功させる。
現在は「日高屋」を中心に、381 店舗を展開している。

1 30の職業を経て見つけた天職

ラーメン店1店舗から商売を始めてチェーン化に成功し、東証1部上場を果たしたもう一人の経営者がいる。「日高屋」で有名なハイデイ日高の創業者・神田正（現・代表取締役会長）である。埼玉県さいたま市に本社を置き、首都圏の駅前に店を構える「日高屋」を中心に、現在381店舗（2016年2月期決算時点）を展開している。リーマン・ショック後の不況時にも最高益を達成するなど、外食業界が苦戦する中で安定的に業績を伸ばしている。幸楽苑の新井田が「サービス業ではなく、製造直販業」という発想でラーメン店から大企業に脱皮したのとは異なり、神田は徹底的に市場を観察することで、独自のビジネス・モデルを構築してきた。両者ともチェーン店であるから、コミッサリーやセントラル・キッチンを持つという点では共通点はある。しかし、両者のビジネス・モデルは対照的である。幸楽苑が郊外型を追求したのに対し、ハイデイ日高は駅前立地を追求したのである。

神田は27歳で初めて、埼玉県岩槻市（現・さいたま市）で1軒のラーメン店を任されて店を開く。それまでの間に、彼は何と30回も仕事を変えている。貧しい家庭に生まれ、家計を助けるために早くから働き始めて以来、ゴルフのキャディから水商売、本田技研工業の社員にもなるが、どれも仕事に慣れたころに飽きて辞めてしまったという。しかしラーメンとの出合いが神田を変える。彼は最初にラーメン店を経営したときに、「他の業種と比べてさほど難しい技術が必要なく、資本もあまりかからない」ところ、さらに「お金の流れが良い」ところがいいと思ったと述べている。「製造業などは現金化されるまでに何カ月も待たされますが、ラーメン店は朝仕入れた野菜や肉がその日のうちにお金になって手元に入るのです。お客さまからお金をもらうのが先で、仕入れ先への支払いが後。これは面白い！　直感的に思えたものでした」[★7]。このようなキャッシュ・フローの特徴に関する記述を読むと、当時から経営者としてものを考えるセンスがあったことがうかがえる。

しかし、1軒のラーメン店の経営者となってすぐに成功できたわけではない。店の売り上げは軌道に乗ったが、多角化の欲が出てスナックの経営を始め、大損してしまう。結局、ラーメン店にも悪い評判が立ち、2店とも閉店に追い込まれてしまった。この失敗を経て、神田はラーメン一本に商売を絞り込む。もう一度大宮市（現・さいたま市）に小さなラーメン店を持ち、再出発をした後は、着実に売り上げを伸ばしていく。

神田は実弟（現・顧問の町田巧）と義弟（現・代表取締役社長の高橋均）に手伝ってもらいながら、順調に店舗を増やしていく。多くのラーメン店がそうであるように、2人の弟たちはいずれ独立して自分の店を持つだろうと考えていた。しかし、その当時、日本初のファミ

★7—神田正『熱烈中華食堂日高屋—ラーメンが教えてくれた人生』開発社、2009年。

リーレストランとして急成長し、注目を集めていたすかいらーくの経営手法を見て、神田はチェーン化の夢を抱き始める。3人それぞれがラーメン店を構えても、1人で経営できるのはせいぜい1〜2軒で売り上げもたかが知れている。それなら3人で一緒にラーメン店をチェーン展開して、10軒、20軒と店を増やせないだろうか――。神田の夢は日に日に具体的になり、「大宮から赤羽まで、京浜東北線の各駅に1店舗ずつ店を出そうじゃないか」という具体的な目標を掲げるようになった。

2 「屋台と弁当」のニーズを追いかける

チェーン展開を始めるに際し、神田は独特の考え方を持っていた。それは、「屋台と弁当」のニーズを追いかけていくという着想である。この着想が原点となり、ハイデイ日高は駅前の立地を押さえていくという基本方針をとり続けてきた。同時代に出発したチェーン店のほとんどがロードサイドを狙っていったのとは対照的である。家賃も、時間帯ごとの客層の入れ替わりも、ロードサイドと駅前では大きく異なる。屋台と弁当を追いかけた結果、ハイデイ日高は他のチェーン店とは大きく異なるビジネス・モデルを創り上げることになったのである。

神田は、ハイデイ日高がここまでたどってきた歴史は「ひたすら屋台のお客さんを追いかけてきた」[★8]結果であると述べている。最近では道路交通法や食品衛生法の規制が強化され「屋台」を駅前で見ることは少なくなった。むしろ昼食時にオフィス街に現れるワンボックス・カーの方がおなじみかもしれない。ハイデイ日高が追いかけてきた屋台は、現在のベトナムやタイなどで見られるタイプの人力で移動する簡易食堂である。

屋台の魅力は、仕事帰りに駅前でラーメンを1杯食べ、酒も飲める、というところにある。夜遅くまで働く会社員（最近では女性も増えている）は今も昔も同じようにいるのだから、駅前の屋台へのニーズがなくなることはない。だからこそ、ハイデイ日高は駅前立地にこだわってきたのである。

反対されても「駅前一等地」にこだわる

神田はビジネス・パーソンの昼食についても鋭い観察眼を発揮している。あるとき、駅前で会社員の通勤風景を眺めていた神田は、彼らが弁当の代わりに新聞や雑誌を手にしていることに気づく。弁当を持たないのだから、どこか外で昼食を食べるはずである。オフィスや駅に近い便利な立地には、ハンバーガーや牛丼のチェーン店ができ始め、昼時には繁盛している。個人経営の中華料理店はあるものの、ラーメンのチェーン店は駅前に参入していなかった。

★8―みずほ総合研究所『Ｆｏｌｅ』２０１５年2月号「私の経営戦略」インタビューより。

た。ある意味では駅前のラーメン・チェーンというのは「白地」（→第1章）だったのである。屋台と弁当。どちらのニーズを満たすにしても、駅前立地が適切である。駅前の一等地で、安くて飽きない味のラーメンを提供する。弁当の代替品も目指し、屋台の代替品も目指すのだから、昼も夜も深夜も、長時間にわたって店を開けて、その間に入れ替わる多様な顧客層・顧客ニーズに対応する。これが、神田が考え出した戦略である。

非常に明解なプランだが、当時は役員からも銀行からも大反対されたという。まず第一に、「高い家賃を払って安いラーメンを売る」という考え方を理解してもらうのが大変だった。また第二に、1970年代は自家用車の急速な普及が見られた時期であり、すかいらーくなど郊外型のチェーン店が飛躍的に業績を伸ばして世の中の耳目を集めていた。このモータリゼーションの時代に急成長している郊外型・ロードサイド店の需要を取りに行くのではなく、**「駅前一等地」**というトレンドとは真逆の出店をする戦略は、「時代の流れに反している」と周囲の人々から捉えられた。しかし、ハイデイ日高のビジネス・モデルは、昼から深夜まで長時間にわたって顧客が訪れてくれるという駅前立地のメリットを生かして、長時間営業をすることで家賃の高さをカバーするというところに特徴がある。さらに都心の新宿などであれば、昼には会社員のランチ、午後から夕方には学生の食事、夜は仕事帰りの会社員の食事と1杯、さらに深夜帯から朝にかけては水商売や夜勤明けの人々の食事と1杯など、1日中顧客層が入れ替わりながら需要が絶えることがない。長時間営業と時間帯ごとに入れ替わる顧客層への対応によって、高家賃をカバーしているのである。

3 「1杯390円」で何を狙ったか

高い家賃を払う駅前立地なのに、その上さらに、神田は当初490円だったラーメンを2002年代後半に390円に値下げするという**攻撃的な価格政策**を採用した。

「ラーメン1杯390円」というのは、駅前のランチ需要を奪い合う競争に参加し、その市場を大きくしていくための一手であった。当時、駅前でランチ客を集めていたマクドナルドがセットメニューを390円（サンキューセット）、吉野家が牛丼1杯を380円で売っていた。これらに比べるとラーメンはやや高く490円であった。同じランチ需要でも、価格が異なれば、「今日、昼ご飯何を食べようか」と考えたときに選択肢としてすぐには頭の中に浮かばなくなる。390円や380円のランチを頻繁に食べ、時々、飽きたら490円を食べに行く、という行動になるのである。しかし、ほぼ同じ価格帯にすると、ランチを選ぶときに来る顧客の選択肢の中に確実に組み込まれることになる。いわば顧客がランチを選ぶときのローテーションに加わることができるのである。

実際、390円への値下げを行った後に、近くにあるマクドナルドの常連客が日高屋に来ているのを見て、神田は「ランチの選択肢であるハンバーガーと牛丼に、ラーメンが加わって輪転（ローテーション）し始めた。これで勝った」と思ったと言う。実際にはこの時点では値下げの結果として利益が大きく減ったのだが、顧客が自分の読みの通りに動いているのを見て、神田はその後の展開を確証したのである。

駅前の高い家賃というデメリットをカバーするために、24時間開店して、時間帯ごとに顧客層が入れ替わり、1日の売上高を高める。390円に値下げして、ランチのローテーションに入りリピーターの需要を取る。このようなビジネス・モデルを考えると、その商品の特徴についてもおのずと適合的なものが示唆されるようになる。万人が飽きない味を追求するということである。神田は、「味はそこそこでいい」と言う。「こだわりの味」を追求すると味のクセが強くなって顧客の好みが分かれる。それよりも、万人受けする飽きのこない味を追求する方が日高屋の追求している戦略には適合している。繰り返し店に来てもらうために、こだわりの味を追い求めない。「食べた人のうち6～7割がおいしいと言ってくれる味」というのが、神田が研究開発で目指す味だという。

ビジネスモデルを支える「人」へのねぎらい

もちろん駅前ならどこでもよいというのではない。良い駅もあれば、そうでない駅もある。単に駅に近ければいいのでもない。駅までの距離だけではなく、人の流れにも注目しないとならないからである。神田は、時間を見つけては気になる駅で降りて街を観察している。昼、夕方、深夜と3パターンの時間帯に出かけて、歩いている人の職業やタクシーの数などをひたすら観察し、自ら出店の判断を下す。夜の屋台需要については、深夜の駅前につけているタクシーが一番よくわかっている。夜間にタクシーが多く並ぶ駅は有望なのである。神田は「山手線内の駅前に何があるか、全部頭に入っている」と述べるほど、出店場所の探索にエネルギーを割いているのである。

また、駅前一等地の家賃を払うために、長時間店を開けて1日当たりの売り上げを伸ばす、というビジネス・モデルは人事管理や組織運営にも影響を及ぼす。1日に2交代・3交代するにせよ、長時間営業は店のオペレーションを考えると「ハードな（きつい）仕事」である。さまざまな仕組みはもちろん必要だが、各店舗の従業員の頑張りは欠かせない。

このビジネス・モデルを支えているのが「人」だとわかっているからこそ、神田は従業員の頑張りに報いることを早い段階から意識的に行っている。ラーメン店の3店舗目が成功し、会社を組織してチェーン展開を実行し始めてすぐのころ、神田は税理士の勧めで経営について学び、全店舗の従業員を集めた「経営計画発表会」を行っている。従業員の家族、取引先なども呼んで、自ら将来の夢と具体的な目標を語る場を設定したのである。いかに会社を成長させ、従業員の待遇を良くしていくか。株式上場も早くから宣言し、1999年にジャスダック上場。以後、東証2部、東証1部と上場を続けている。時間がかかっても、話したことを実行に移していくと、従業員からの信頼が強化されていった。

会社の規模が大きくなった今も、社員教育はもちろんのこと、店舗のパート（ハイデイ日高では「フレンド社員」と呼ぶ）全員を招待する「感謝の集い」を年に3回開き、神田自らがねぎらいの言葉をかけて回る。業績に応じてフレンド社員にもボーナスが支給されるなど、従業員への細かいケアが行き届いている。

日高屋は、今も主力の中華そばを1杯390円で売っている。高い家賃を払って、安いラーメンで利益を出す。周囲が「もう

図 3-6 ★日高屋の代表的なメニュー

野菜たっぷりタンメン

ニラレバ

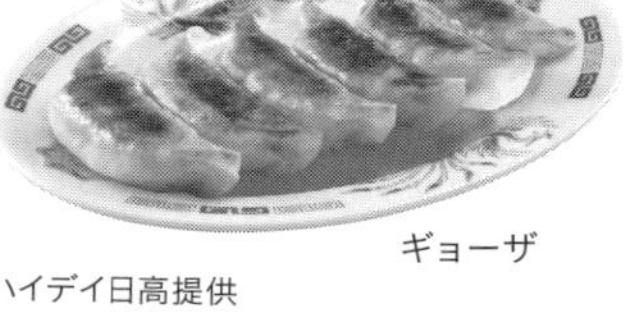

ギョーザ

中華そば

資料：ハイデイ日高提供

からない」と反対したのは、神田が発想したビジネス・モデルの全体像を理解していなかったからであろう。屋台と弁当から着想し、駅前立地で低価格のラーメンを提供して長時間営業を行って時間帯ごとに入れ替わる多様な顧客層とランチのリピート需要、夜の「ちょい飲み」需要を取り込む［図3-6（→p.98）］。そのために飽きない味を追求し、従業員の努力を引き出すビジョンと報償システムを作り上げていく。

このように需要サイドの要求から始まって、組織や人事管理システムに至るまで整合的に体系化できているからこそ、日高屋は強い企業として成功を収めているのであろう。

4 失敗したときにこそ「考える力」が問われる

2016年現在、本章で取り上げた幸楽苑とハイデイ日高の業績を比べるとハイデイ日高の方が良好である。幸楽苑は売上高が約382億円、営業利益が8億7400万円で、営業利益率は2・3％程度である（いずれも2016年3月期）。これに対してハイデイ日高は、売上高が約368億円、営業利益が43億3200万円で、営業利益率は11・8％程度である。売上高の成長率もハイデイ日高の方が高い。

しかし、現時点における両社の業績差は「製造業志向か、マーケット志向か」という違いではない。店舗を置く「立地の違い」が最も重要な原因であろう。第1章のすかいらーくの例でも触れたが、マイカーブームが起きた高度成長期と現在では、社会状況が大きく変わっている。少子高齢化が進み、高齢者や核家族は郊外よりも便利な駅近くの徒歩圏に住むようになっている。現在は郊外のロードサイドに多数の店舗を展開している企業の方が需要を捉えにくい状況になっているのである。

さらに、ロードサイド店はアルコールで利益を出すことが難しい。メニューにアルコールを加えて売上高を増やすことができれば、高利益率を達成できる。しかし、アルコールで利益を出すのは、駅前に立地しているからこそできることである。幸楽苑はロードサイド店が多いので、運転しない同伴者は飲むことができるが、自動車を運転する顧客本人はアルコールを飲むことができない。ロードサイドを主力としているチェーンで客単価を上げるには、メニューの価格を上げるという手を打たなければならない。

実際、2015年5月に幸楽苑は看板メニューである税抜き290円の「中華そば」の販売を終了し、代わりに税抜き520円の「醤油らーめん司」[★9]が投入され、高価格帯のメニューにシフトしようとしている。おそらく幸楽苑も少しずつ店舗の立地を変えてくるだろう。「製造直販業」というビジネス・モデル自体に問題があるわけではないので、駅前一等地も含めた店舗立地の組み替えを行い、その立地でのオペレーションを完成させていければ、業績は改善していくであろう。

新井田も神田も、個人事業主から企業経営者に移行する段階で、大きな失敗を経験している。そのときに「なぜうまくいかないのか」を考え、背後のメカニズムまで考え抜く力があったからこそ、その後に経営者として大きくジャンプすることができた。２人とも非常に勉強家で、経営者としての課題を常に外部機関や専門家、本などから学び続け、しっかりと自分の頭でメカニズムを捉えて戦略を立てている。彼らがラーメン店の内部で起きていることだけを見て、目の前の顧客にばかり対応をし続けていたら、「製造直販業」や「屋台と弁当のニーズ」といった発想の転換は起きなかっただろう。ラーメン店の外側に目を向け、大きな視点で社会の変化を見つめながら、何とか経営の課題を突破しようと考え抜く。そのために勉強する。その行為が２人の経営者を育てたのではないかと思われる。

事業を興すというのは、自分の頭で必死になってものを考え抜く生き方を選ぶことである。創業者になるというのは、戦略思考力を高めるための環境に自らを置くということなのである。

★9――さらなるリニューアルが行われ、現在は「二代目醤油らーめん司」となった。

第3章 Chapter

point

- 同じ業態であれば店舗数が多くなってもスパン・オブ・コントロールの限界を超えられる
- 「経営」とはつまるところ「他の人に仕事をしてもらうこと」である
- 経営の課題を突破するには、「なぜうまくいかないのか」を背後のメカニズムも含めて考え抜く力が必要

第4章 Chapter

先手を取り、進化を続ける

キーワード

イールド・マネジメント
バリュー・ベースト・プライシング
参入障壁
フラグメンティッド・インダストリー
先行者優位

新しいビジネス・モデルのヒントはどこにあるのだろうか？

本章では「パーク24」の創業者西川清と2代目の西川光一を取り上げる。創業者である西川清は、いったいどのようにして駐車場ビジネスの世界で成功するための方法を考え出したのだろうか。

そして、2代目の西川光一は、どのようにして、創業者がつくり上げたビジネス・モデルをさらに一歩も二歩も進めたのだろうか。

ケース 6

パーク24の事例

駐車場ビジネスのパイオニアと2代目の功績

1971 年、西川清がニシカワ商会を創業。
当初は「駐車禁止」の看板を販売していたが、
駐車場ビジネスに進出する。
1991 年に無人の時間貸駐車場「タイムズ上野」をオープンし、
現在では、全国に約 16,000 カ所の駐車場を持つ業界最大手企業となった。

1 「三方よし」を実現した先代の緻密なビジネス・モデル

クルマを運転する人なら「Times（タイムズ）」を使ったことがあるのではないだろうか。少なくとも、その看板を見た経験くらいならあるはずである。黄色い看板が目印のタイムズは、時間貸駐車場（コインパーキング）の最大手企業パーク24のブランドである。

タイムズの駐車場は全国に約1万6000カ所、台数にして約55万台分もある（2016年9月末時点）。街中に点在しているので、目的地から近い所で見つかる可能性が高い。2003年からは、スマートフォンで最寄りの駐車場の位置と空き情報をリアルタイムで教えてくれるサービスも開始され、日常的に街中を走り回る営業職などのドライバーにとってみると、非常に使い勝手が良い。

タイムズ駐車場を経営するパーク24は、日本で初めてこの時間貸駐車場のビジネスを始めた会社である。1991年に創業者である西川清（現社長である2代目・西川光一の父）が24時間無人の時間貸駐車場タイムズの1号「タイムズ上野」をオープンし、以来、成長を続けて業界最大手の地位を築いている。利益が出ないと思われていた駐車場ビジネスの世界で、時間貸駐車場のネットワークを日本で初めて成功させ、今なお進化を続けるパーク24の勝者の思考法をたどっていこう。

先代の西川が１９７１年にニシカワ商会を立ち上げたとき、最初の事業に選んだのは「駐車禁止」の看板の製造・販売だった。当時は、自家用車が普及し始めて街中の交通量が増える一方、駐車場の整備が全く追いついていなかった。脱サラして何かいい商売はないかと街を歩いていた先代は、商店街に貼られた手書きの「駐車禁止」の貼り紙を見て、「そんなに違法駐車が多いのか」と感じたという。困っている人が大勢いるなら、駐車禁止の看板が売れるだろうと考え、「駐車禁止」の看板を販売する商売を始めた。[★1] その後、ニシカワ商会は日本信号製のパークロックの販売代理店となる。病院などに運営・管理の提案をしながら、機械を売る商売は軌道に乗った。その事業を20年間続けたのちに、１９９１年、時間貸駐車場タイムズの運営に乗り出す。

先代の西川が考えたタイムズのビジネス・モデルは非常によくできている。基本的には、駐車場の利用者と、その駐車場の土地オーナーの両方にとってメリットのあるビジネスをいかにつくるかという視点から適切に構築されたビジネス・モデルである。

先代がビジネスを始めるまで、駐車場というのは次の３つの形態しか存在しなかった。

★１―みずほ総合研究所『Ｆｏｌｅ』２０１５年４月号「私の経営戦略」、東洋経済オンライン、２０１２年５月10日の記事を参考にしている。

①行政主導などで整備される大型駐車場
②土地のオーナーが経営する有人の駐車場
③個人が所有する土地を毎月定額で貸し出す、いわゆる月極め駐車場

①の行政が整備する駐車場などは、町の主要な施設のそばなど、1カ所に集中して大規模なものが多い。大規模だから駐車スペースは多いのだが、人々が本当に行きたい目的地は1カ所ではなく、点在しているから、この種の駐車場に停めた場合には目的地まで徒歩で行く距離が長くなる。

②の土地オーナーが経営する駐車場は、平置きのものや立体駐車場など、立地に応じてさまざまである。有人のため24時間使うことができないものの、立地的に点在しているので、利用客の視点からは目的地に少し近くなり、こちらの方が便利である。

ただし、駐車場のオーナーから見ると、それほど利益の出るビジネスではない。立体駐車場の場合には当初の設備投資がかかり、いったん投資したら他の用途への転換は少し難しくなるというデメリットがある。平置きの駐車場の場合には設備投資は少なく、他の用途への転換も容易だが、土地の利用効率は悪い。また有人なので人件費がかかり、管理人が勤務している時間内でしか利用できない。しかも、駐車場へ転換される土地が近隣に存在するのであれば、いつでも新規参入が起こって駐車場が供給されるので、それほど高い価格を付けることはできない。そもそも高い価格になり過ぎると、路上駐車が増えて駐車場利用の需要が減退する。

③の個人が所有する駐車場の場合、利用者の側から見ると、通常は自分のアパートのそばなどに自家用車を置くスペースとして借り受ける需要が対象になる。もちろん会社が借りる場合もあるから、住宅地ばかりとは限らない。自分で借りているにせよ、会社が借りているにせよ、出発地に近い駐車場であるから利用者にとっての利便性は高い。しかし、駐車場は土地のオーナーからするとあまり利益を得られないビジネスである。土地オーナーは自分で契約者を探さなければならず、常に全部が埋まるとは限らない。しかも、集金も自分でやらないとならない。月極めであれば毎月一定金額の収入が確保できるので、収入の安定性は高いのだが、実は駐車場料の料金は高く設定するのが難しい。

空きが出るリスクを請負い、管理の手間を省く

素人目には、バブルの最中など、土地の価格が上がるのに同調して住宅地の駐車場料金も暴騰したのではないかと思われるのだが、実際には駐車場料金はバブル期の土地価格とは連動せずに比較的安定的に推移してきた。土地が狭かったり形状が悪かったりして、マンションやビルなどに転用できないから、通常の土地取引の市場に影響を受けない、というケースもあれば、地主に土地を売る気がなく、しかも、すぐに他の用途に転用できるフレキシビリ

ティを高く評価しているケースもある。さまざまな理由から、土地取引の市場で決まる価格と駐車場料金はリンクしていない傾向がみられるのである。先代がタイムズ用に転換を促すべく注目したのは、このような個人所有の駐車場であった。

もしこれを時間貸駐車場に転換できれば、それぞれの場所には少数のクルマしか停められないが、立地が分散するため、利用者の行きたい目的地に近い所に駐車スペースを創ることができる。大型駐車場から何分も歩く必要がなくなるので、利用者にとっては便利になる。しかも、駐車場オーナーにとっては、「自分で契約者を探さなければいけない」「集金を自分でしなければいけない」という手間が省ける。パーク24は毎月定額の賃料支払いを保証するので、「駐車場に空きが出てしまう」というリスクからも解放される。ここに先代の出発点があった［図4-1（→p.111)］。

西川はまず、月極め駐車場のオーナーたちから月極め料金でフルに契約されているときと同等の金額で駐車場用地を借り受けた。月極め駐車場になっていない土地についても、近隣の月極め駐車場の相場を提示している。それらの土地にパークロックを導入し、無人の時間貸駐車場につくり替えた。

同じ駐車場ビジネスでも月極めと時間貸しでは大きくレートが異なる。例えば、月極めで1台2万5000円で貸している駐車場を想定することにしよう。同じ駐車場を1時間250円で時間貸しをすると24時間×250円×30日＝18万円になる。もちろん、全時間稼

図 4-1 ★物件オーナー・駐車場ユーザー・パーク 24 の関係

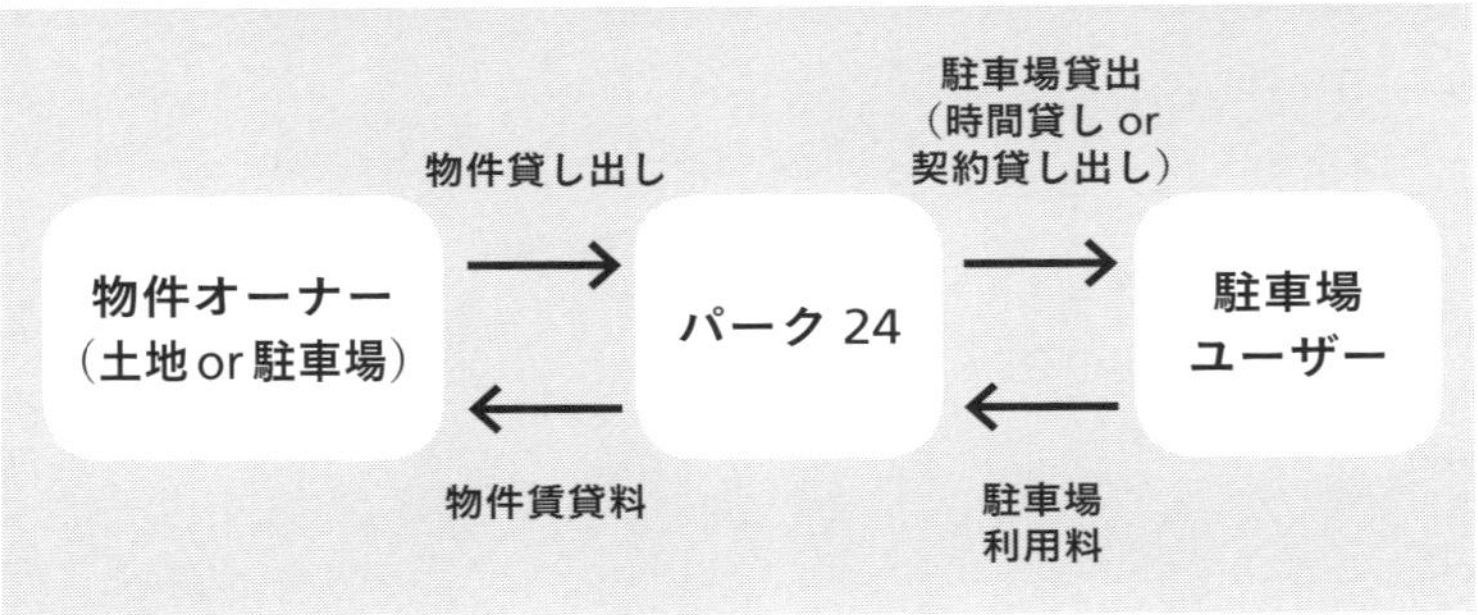

高橋(2013)を基に作成

図 4-2 ★月極め駐車場と時間貸駐車場の違い

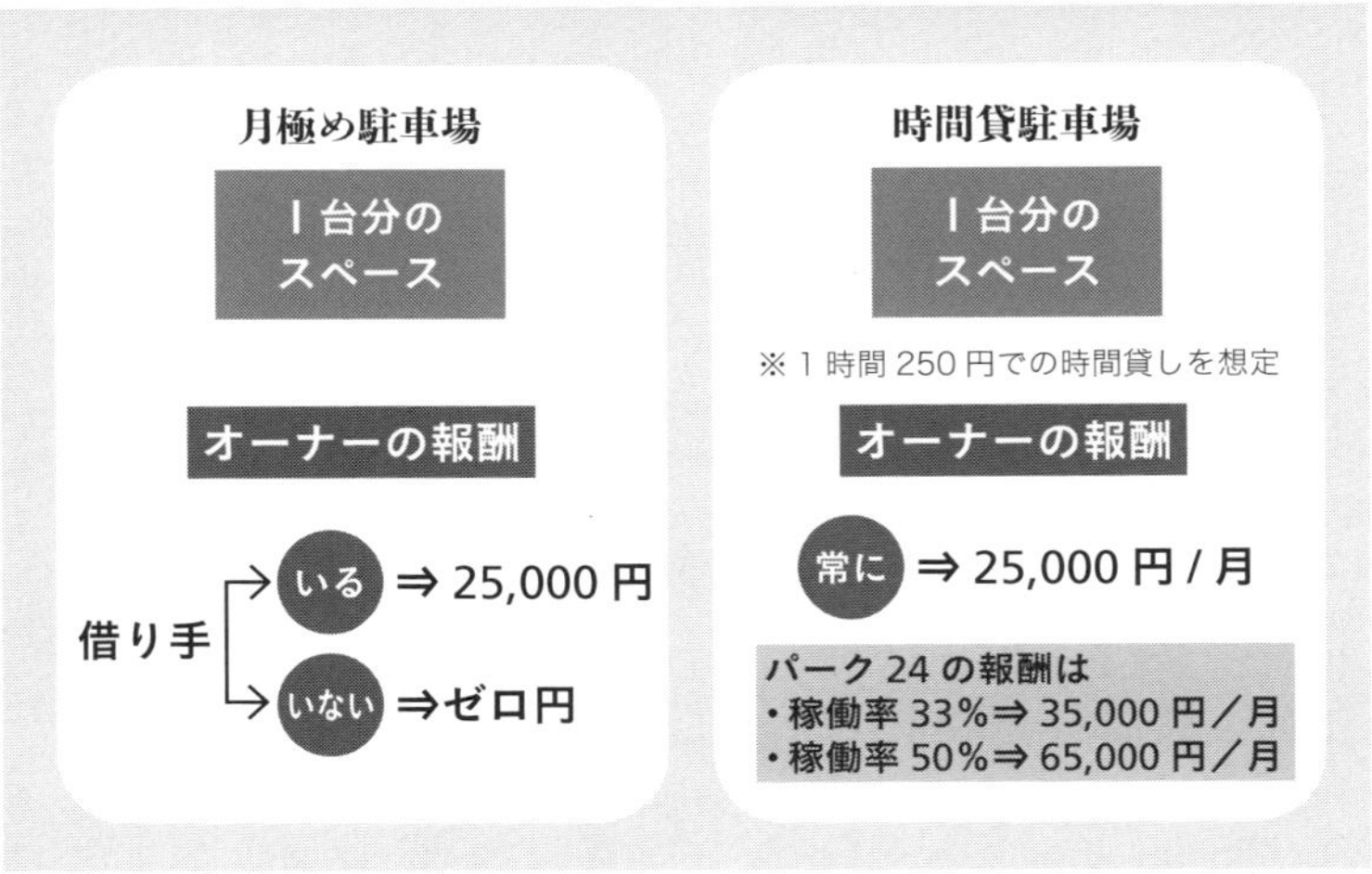

働するわけではないから、仮に3分の1（33％）しか埋まらなくても収入は6万円である。2万5000円の収入を稼ぐには稼働率が14％あればよい。

今3分の1の稼働という条件のときに、パーク24が駐車場の土地オーナーに対して月極めの100％稼働分の金額を支払うと約束すると、駐車料金収入の6万円から仕入れ値の2万5000円を引いた3万5000円の差額が出る。この3万5000円から、さらに諸経費を引いた額がパーク24の収入となる。もし駐車場が50％の稼働をすれば、差額は6万5000円となり、さらに収入は増加していく［図4-2（→p.111）］。

例えば平均して7人が1時間15分の駐車をすると仮定すると、厳密な時間では8時間45分で稼働率は約36％であるが、課金が30分単位であるとすると、収入を生む時間単位で計算すると1時間30分×7＝10時間30分で約44％の稼働率になる。課金時間単位で見ると稼働率は高めになるから、人気の高い駐車場であれば、かなり高い稼働率を達成することも不可能ではない。

もちろんパーク24の側だけにメリットがあるわけではない。オーナーからすると、空いている月極め駐車場をタイムズ駐車場にすることで、毎月定額の賃料収入を得ることができる。今すでに駐車場を経営している人も、とりあえず空いている所有地を駐車場にでもしておこうかと考えている人も、安定的に十分な収入を得ることができるのである。普段は100％埋まっている人気の高い駐車場でも、転勤や引っ越しなどで一時的に駐車スペースに空きが出る場合がある。そうなれば、年間を通じて100%の稼働率を達成するのは容易ではない。その空いた分を契約すれば、台数分の賃料収入をパーク24が保証してくれるのである。しかも、駐車場を管理する手間をすべてパーク24に委ねることができる。パークロックが壊れても、自分で修理の手配をしなくていい。契約相手を探す必要がなく、長期にわたって一定額の収入を保障してくれるのだから、タイムズの駐車場にするほうがメリットがある。

すでに述べたように、駐車場を利用する顧客にとってもメリットがある。ドライバーにとっては、目的地に近い所に駐車場があってほしい。駐車場の商圏は200メートルといわれている。人は駅からなら15分程度歩くのに、クルマを降りてからだとほとんど歩きたくないらしい。だから駐車場はできる限り多様な目的地を200メートル以内に捉えられるように分散して存在することが望ましい。ところが、行政が運営する駐車場はたいて

図 4-3 ★駐車場の利便性

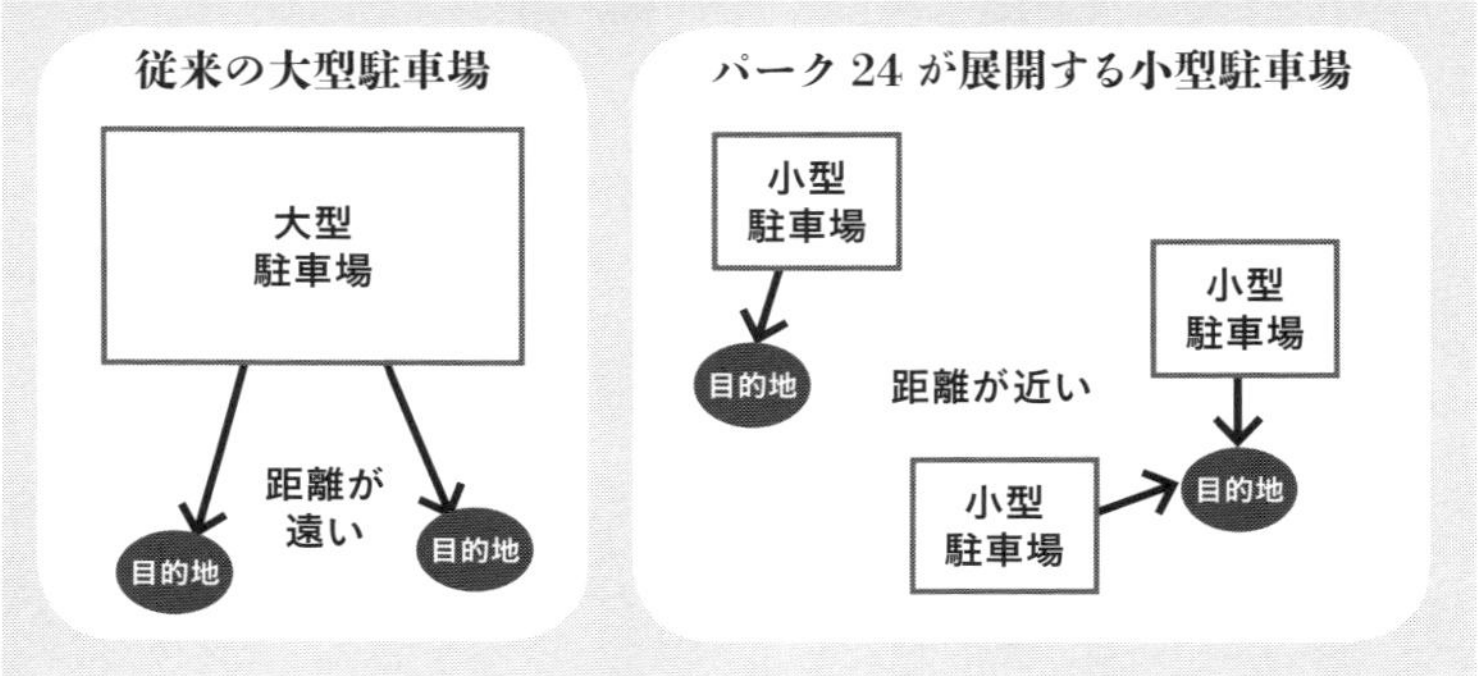

い駅の周辺などの大きな敷地につくられるので、目的地まで歩くのに時間がかかる。パーク24は、住宅街や商業地の中に点在する小さな土地を時間貸駐車場にしたことで、「200メートル以内に駐車場があれば便利なのに」というドライバーのニーズに応えたのである［図4-3（→p.113）］。

先代の西川が生み出したビジネス・モデルは、駐車場オーナー、ドライバー、パーク24にとって、まさに「三方よし」だったといえる。

2 駐車場が増えれば増えるほど現場が見えなくなる

先代がニシカワ商会を解散し、タイムズの事業を行うパーク24に経営資源を集中させた1993年、息子の西川光一が同社に入社する。彼は、産業機械メーカー大手のアマダでトップセールスだった実績を持つ。先代が時間貸駐車場のビジネス・モデルで上場を目指すことを決意したとき、家業に連れ戻されたのである。

現社長の西川は、会社に入って自社のビジネスをつぶさに観察した。タイムズ事業を手がけ始めたばかりのころ、先代は相当なスピードで契約件数を増やしていた。市場の導入期であるから、良い場所を先に押さえる陣取り合戦が重要である。他社の駐車場を後から自社にスイッチさせるのは難しいから、先に契約を交わした方が有利である。良い場所を先に押さえるのは、いわゆる**「先行者優位」**★2の典型例である。この点は第1章におけるすかいらーくの1970〜80年代の戦略と同様である。

西川は「(タイムズ事業の)最初の7〜8年は苦労した。ある程度の規模になり駐車場でキャッシュが入ってくるようになるまでは投資先行でしんどかった」★3と言っている。土地のオーナーは投資をせずに土地を貸すだけでよいが、パーク24はそこに1台ずつのロック装置等を設置しなければならない。初期投資はすぐには回収できないので、毎月の駐車場収入から少しずつ回収する。このような形態であるから、土地オーナーとの間には2年間の契約が結ばれる。

いま、タイムズ事業の初期段階が経営的に苦しかったことをイメージしやすくするために、パークロック等を設置する費用が2年間で回収できると仮定しよう。つまり、初めの2年間は投資回収ができず、2年を過ぎると駐車場収入が大きく利益に貢献してくる、と仮定する

★2—先手を打った企業が得られる戦略上の優位性のこと。良い立地を先取りするとか、先にブランド・イメージを確立する、マイクロソフト・ワードのようにデファクト・スタンダード(事実上の標準)のソフトウェアとして先に普及する、というような場合に先行者優位がある、といわれる。逆に、後から追いかけた方が、先行者が苦労したノウハウを盗めるという可能性もある。この場合は後発優位という。

★3—東洋経済オンライン、2012年5月10日より。

のである。このような想定をすれば明らかなように、初期の陣取り合戦をしている間は投資が大きく、重くのしかかってくる。初期段階では2年を過ぎた駐車場の数が少なく、2年に満たない新しい駐車場が次々とつくられているのだから、投資回収の済んでいない物件が多数を占める。すでに投資回収の済んだ駐車場の比率が高くなっていけば大きく利益の出るビジネスになるが、次々と駐車場をつくっている段階は苦しいのである。

分散した現場をどう管理するか

初期段階では場所を押さえるために次々に駐車場をつくり、その投資負担が重くのしかかるという問題が発生していたが、問題はこれにとどまらなかった。分散している狭小な駐車場を一括してパーク24が運営しているのだから、駐車場の数が増えれば増えるほど、分散した現場をどう管理するかという問題が出てくるのである。

駐車場のパークロックが壊されたり電源系のトラブルが発生したりしても、現場に行かないと何が起きているかがわからない。多くの場合、これらのトラブルは即座に発見されることなく、定期的な料金回収のタイミングまで、長時間放置されてしまう。駐車場に残る記録を見ればおおよその利用状況はわかるが、事後的な確認なので詳細までは把握できない。西川は、「(現場で)何が起きているかがわからないと、経営ができないと思った」と当時を振り返っている。

この問題を解決するために西川は、現場を管理するため、オンライン・システムの導入を当時の経営陣に提案する。導入に当たっては、顧客の行動や属性を把握してマーケティングに生かす機能も入れたいと考え、初期投資が40億円、その後も毎年2億円以上が追加でかかると見積もったところ、先代の西川をはじめとする役員が取締役会でなかなか承認しなかった。

当時のパーク24の純利益は24～25億円。1年間の純利益の1・6倍に相当する投資を決断するのは難しい。当時の経営陣が投資に踏み切れないのも十分に納得できる。しかし、それでも当時の西川はあきらめなかった。「会社の将来のためには、絶対にシステム化をしないといけない」と言い張り、3回目の説得でようやく先代からゴーサインをもらったという。

2003年、全国のタイムズ駐車場とパーク24の情報センターを結ぶ、**独自のオンライン・システム**「TONIC（Times Online Network & Information

図 4-4★TONIC（Times Online Network & Information Center）の効果

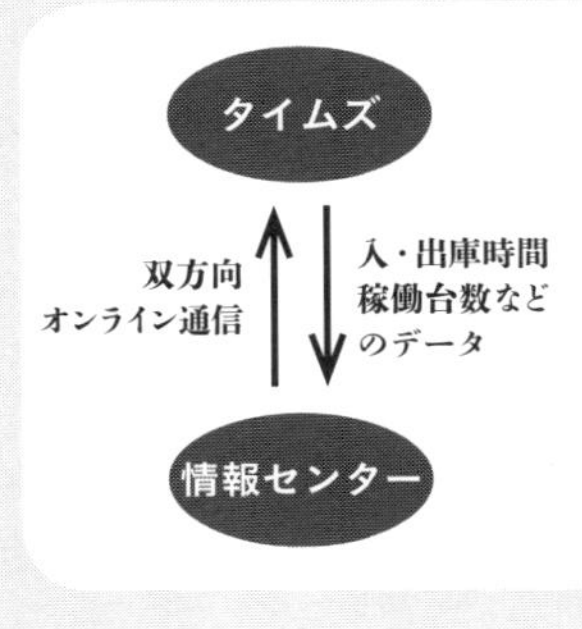

管理の効率化	●駐車場でのトラブルを瞬時に把握
マーケティングへの活用	●タイムズ駐車場の開発や運用施策への活用 ●稼働状況データ・入出庫データからの、料金体系等の分析・改善
顧客向けサービスの充実	●タイムズクラブカード ●タイムズビジネスカード ●満車空車情報の配信 ●多様なキャッシュレス精算

Center)」が本格稼働した［図4-4（→p.117）］。同時に、「タイムズクラブ」というポイントカードを発行し、利用者の住所・年齢・性別・職業といった個人情報を集め、マーケティングに生かす仕組みも整えた。当初は分散した駐車場の管理のためのシステムとして着想されたTONICであったが、その後、同社の戦略的な武器として活用されるようになっていく。この時点の投資意思決定が現在のタイムズを力強く支え、成長を可能にしているのである。

3 IT化で稼働率を上げ、さらにほかのビジネスを乗せる

TONICを導入した後、西川がその情報をどう活用したかを見ていこう。まず、駐車場の稼働率を上げて、利益率を上げる取り組みに着手した。これは航空事業やホテル運営などで使われる**「イールド・マネジメント」**[★4]と呼ばれる手法と原理的には類似のものである。**供給数量**（**キャパシティ**）が決まっていて在庫を持ち越せないサービス業において、**単位当たりの収益**（**イールド**）を最大化するために、過去の販売データやリアルタイムの需要動向を見ながら販売単価や提供客室・座席数の販売数量を管理していく。だが、実際の航空会社のイールド・マネジメントは、より複雑なシステムを持っている。

例えば、ビジネス・パーソンは飛行機で出張しても、できるだけ早く帰宅して週末を家族と過ごしたい。逆に観光客は、土日に旅先で宿泊するのは大歓迎である。この事情に合わせて、土日宿泊を義務づけた航空チケットを低価格で販売し、いつでも帰ることのできる自由度の高いチケットを高価格で販売するというような価格差別がアメリカなどの航空会社では一般的である。ここにピークのシーズンには高く、オフピークのシーズンには安くするという傾向が加わる。さらには、特定の路線が売れるとそれに関連する路線の価格も変更されるなどという具合にシステムが組まれることによって、よりきめ細やかな価格設定が実現される。できる限り一つずつのチケットを高く売りながら、しかし、同時にチケットの売れ残りを減らし、オーバーブッキング（予約の取り過ぎ）も防ぎ、全体としての収益を最大化する方法がイールド・マネジメントである。

★4――需要の高低は、①市場セグメントごとに、または②時間によって変化するため、これらに対応した価格を設定することが収益を高める上で重要なこととなる。
①については、人によってモノやサービスに対して感じる価値は異なる。すべての人に低い価格で提供するよりも、高く評価する人には高い価格で、低く評価する人には低い価格で販売すれば、企業の収益は大きくなる。
②については、例えば、朝の通勤ラッシュのときには鉄道輸送の需要は多く、昼間には少なくなるので、朝の通勤ラッシュ時の切符の代金を高く設定し、昼間を安くすれば、急いで移動しなくてもよい人が朝を避けるようになるから需要が平準化するはずである。
以上の①と②に即した価格の変更を組み合わせ、精巧なシステムを構築するのが、「イールド・マネジメント」である。

顧客を分析し利益率を高める

ホテルの部屋や航空機の座席は、埋まらないまま時間が過ぎれば、その結果として収益を生まずに空費されてしまう。駐車場も同じである。せっかくスペースを用意しても、誰も借りないのでは無駄にサービスを生産し、収入が得られない状況に陥る。それ故、駐車場についても、価格を適切に変更しながら稼働率を最適化していくことが必要になる。

パーク24の場合、航空会社のシステムほど精巧なものではないものの、その基本原理としては同じ試みを行っている。つまり、顧客が感じる価値の高低に応じて価格を変え、それによって収益を最大化する**「バリュー・ベースト・プライシング」**[★5]である。西川はＴＯＮＩＣのデータを使って価格を変更して稼働率と単価の両方をにらみながら、収入を最大化する仕組みを導入したのである。タイムズの顧客が、「いつ、どの駐車場に、どのくらいの長さで駐車をしているのか」という行動をリアルタイムでつかめるようになったので、ニーズに合わせた価格調整が可能になったのである。

例えば、稼働率が低い駐車場は時間単価を下げる。また、稼働率が常に低い駐車スペースは、おそらく土地の形状が悪くて停めにくいなどの原因が推測されるので、思い切って駐車スペースではなく飲料の自動販売機に代えるなどの手を打っていくのである。逆に、稼働率の高い駐車場は需要が多いのだから、より高い価値を感じている人に使ってもらうように料金を高めに変更する。とはいえ、この「バリュー・ベースト・プライシング」の実行はなかなか難しい。ＴＯＮＩＣ導入前のように精算機で月末の支払い結果だけを見ていても、本社からはなかなか顧客の購買意欲は見えてこない。西川は「ＴＯＮＩＣの導入時には小売業で使われているPOS (point-of-sale)★6システムを参考にした」と言っている。ＴＯＮＩＣ導入によって、駐車場ビジネスでも小売業・サービス業レベルの顧客分析を可能にし、その結果、利益率を高めていったのである。

さらに、西川はＴＯＮＩＣがもたらす仕組みを活用してカーシェアリングのサービスを開始した。パーク24は分散した駐車場を持ち、ポイントカード「タイムズクラブ」によって顧客を組織化した。あとは「車輛」と「車輛管理のノウハウ」があれば、カーシェアリングのビジネスができる。そう考えて、パーク24は２００９年にマツダレンタカー（現・タイムズモビリティネットワークス株式会社）を買収したのである。ドライバーにとっては、レンタカーの

★5―注4の①の軸に即して価格を変更する場合、当然ながら、全く同じモノやサービスを異なる価格で提供するわけではない。高く評価する人には特別な品質のモノを高い価格で、低く評価する人には標準的な品質のモノを低い価格で提供する、というように、少しずつ異なる商品やサービスを提供するのである。このような対応をすることを経済学では「価格差別」、経営学では「バリュー・ベースト・プライシング」という。

★6―point of saleの略で、販売時点での販売データを収集・活用する経営システムのことを指す。コンビニ等で買い物をすると、どの商品を何歳くらいの男性が買ったかということが記録されるようになっている。このデータを用いて品ぞろえなどを最適化していく改善を行っていく。

拠点よりも自宅に近い場所からクルマを借りられるメリットがある。また、どのクルマが空いていてすぐにシェアができるかという情報も、利用者がスマートフォンなどからチェックできる。まさに「分散している」という強みと、「ＩＴ化で情報を集められる」メリットとを、うまく組み合わせたビジネスである。

ＩＴ投資の最初の狙いは、増え続ける駐車場の管理を行うことだった。そこから徐々に、ＩＴから得たデータを他に活用していく好循環を西川は生み出していく。ＴＯＮＩＣへの思い切った投資は、それが多様な情報を創出するが故に、次々と新たな経営戦略を生み出す源泉になったのである。

4 イメージにとらわれて、ビジネスチャンスに気づけない人々

駐車場ビジネスは本来、非常に参入障壁が低い。空いた土地を持っている人がロープを張って料金を取れば、それでもうビジネスになる。パーク24がタイムズを始める前までは、駐車場ビジネスは力あるマーケット・リーダーが不在で、多数の個人事業主がひしめく「**フラグメンティッド・インダストリー**（fragmented industry）[★7]」であった。余った土地を持つ人が参入できるのであれば、少しでももうかっている人がいると新規参入が行われるので、**利**

益ポテンシャル★8が高くならない。

しかしパーク24はパークロックを用いて小規模・分散型の無人駐車場を多数建設し、それをネットワーク化することで、駐車場ビジネスを他社の追随が難しい業界へと構造変革しつつある。管理人を置く駐車場よりもパーク24の方が効率的であり、しかも小規模でも運営できる。しかもそれがネットワーク化され、どこの駐車場に空きスペースがあるかがスマートフォンで簡単に確認できるようになると、同等の利便性を提供できる競争業者の数は限られてくる。こうして、利益ポテンシャルの高い構造へと駐車場ビジネスが変わってきたのである。

★7―個人事業主が狭い商圏で商売をしている業界のこと。フラグメンティッド(fragmented)というのは、「断片的・分裂した」という意味である。例えばレストラン業というのは個人事業主のオーナー・シェフが多数存在し、それぞれが狭い商圏で商売をしている。統計的にレストランというものの事業主の数は多く、一つ一つの企業のシェアは非常に小さい。規模の経済が発揮できない事情がある場合に、このような業界構造が見られる。ただし、オーナー・シェフの代わりにアルバイトでも調理できるように、セントラル・キッチンで調理済みの食品を各店舗に提供できるチェーン店が出てくるとフラグメンティッド・インダストリーも大きく変わることになる。

★8―利益を得られる可能性のこと。構造的に利益の上がる業界もあれば、利益の上がらない業界もある。その業界から大きな利益が得られる可能性が高ければ、「利益ポテンシャルが高い」といわれる。

気づいたときには遅い「先手必勝」の成功

こうしてパーク24の考察を深めてみると、次のような疑問が生じる。駐車場ビジネスがこれだけの可能性を持つことに気づけた企業と、気づけなかった企業があったのはなぜだろうか。

西川は、駐車場ビジネスに大手企業が参入してこないことについて、「(駐車場は)汚い、暗い、臭いのような3Kに近いイメージがあったのではないでしょうか。(中略)不良債権で虫食い状態になった土地が空いているから駐車場が成立しているというイメージも強かった。しかしそのイメージは間違い。当社が駐車場事業を始めたのは91年でバブル崩壊後でしたが、実際のところあのころお借りした土地は不良債権ではない。そうした土地はゼロです」と語っている。★9

「危ない、もうからない」といった「イメージ」に縛られ、その結果として事業化を発想する

図 4-5 ★カーシェアリング

資料：パーク 24 提供

大手企業がない中、先代はもうかる仕組みを見つけ出し、初期段階で一気に投資して立地を押さえた。もともと駐車場に関連する事業を手がけ、パークロック・システムなどの販売代理店を手がけていたというところから、無人駐車場のネットワーク化という着想を他社よりも早く得られたのであろうが、それにしても起業家の持つ洞察力とそれを実行に移すアニマル・スピリット[★10]は称賛に値する。特に、初期段階で重い投資負担のリスクを取り、良い立地を急速に押さえていくという戦略は、なるほど理にかなったものだが、実際に当事者になったときにどれほど難しい意思決定であったかということが推測される。他社がパーク24の急成長ぶりに気がつき、駐車場ビジネスの可能性を知って追随を始めたころ、すでに至る所に黄色いタイムズの看板があった。いい立地は押さえられ、後発の企業はなかなか追いつけない。経営学でいう**「先行者優位」**、いわゆる先手必勝に成功したのである。

この先代の基盤を受け継いだ現社長・西川も、この基盤に独自の情報システムを加え、パーク24をさらに高成長の企業へと変革している。情報システムを活用して価格を変え、レイアウトを変更し、顧客情報を分析する。さらにカーシェアリング事業を創始して、情報システムと分散型の無人駐車場ネットワークの相乗効果を最大限に発揮する方向へ進み始めた

★9―東洋経済オンライン、2012年5月10日より。
★10―イギリスの経済学者ケインズが述べた、企業家の投資行動の動機となる、野心や意欲のこと。

[図4-5（→p.124）]。

先代の経営からは、基本的なビジネスのつくり方を学ぶことができる。2代目の経営からは、情報システムを核にしたシナジー効果を活用するダイナミックな成長戦略のつくり方を学ぶことができる。「いつまでたってもゼロから1をつくり出した先代には敵わない」と西川は謙遜するが、どちらが上ということではなく、両者はおのおの優れた戦略家であり、われわれはそのどちらからもそれぞれ異なる学びを得ることができる。

第4章

Chapter

point

- イメージだけで判断し、理由を深掘りしていないと新しいビジネス・モデルを考えつくことはできない
- 市場の現場近くの情報を手に入れられれば、新たな成長機会を見つけ出せる。ITはそのための武器である

最初の意図を超えて広がるイノベーション

Chapter

第5章

キーワード

イノベーション
ランニングコスト
トータル・コスト・オブ・オーナーシップ
IoT

イノベーションは、どこから生まれるのか。

本章では、「コマツ」の坂根正弘（現・相談役）と四家千佳史（現・スマートコンストラクション推進本部長）を取り上げる。IOTの先駆けとなるKOMTRAXのシステムは、もともとは盗難防止を目的としてつくられた。そこから、坂根と四家は、どのようにして、このシステムを発展させていったのだろうか。

ケース 7

コマツの事例

IoT の先駆けモデルをつくった「気づき」と「決断」

ＩＴバブル崩壊後の 2001 年、
坂根正弘がコマツの社長に就任した。
このときコマツは、
創業以来初の営業赤字を計上する危機的状況だった。
ここから坂根は大胆な構造改革に加え、
建機に GPS をつけて管理する KOMTRAX というシステムを本格導入。
業績を好転させた。

1 イノベーションは〝小さな気づき〟から生まれる

多くの家庭で使われている電子レンジは、もともとは主婦の調理向けに開発された製品ではない。マイクロ波で食べ物を加熱する方法は、1945年、米国レイセオン社の技術者パーシー・スペンサーが軍事目的で使うレーダー用マグネトロンの開発をしているときに偶然発見された。そこから調理器具が開発され、日本でも国鉄（当時）の食堂車やレストランで使われるようになった。さらに低価格化、小型化が進み、家庭用に売られるのは、1970年代に家電ブームが起きてからである。このとき、電子レンジの使い手がプロから家庭の主婦に移ったことで一気に普及し、冷凍食品を電子レンジで加熱して食べるなど、新たな用途も生まれていった。

前章で紹介したパーク24のオンライン・システム（TONIC）も、当初は地理的に分散した時間貸駐車場の保守管理などを主たる目的として導入されたが、その後は価格変更やカーシェアリング事業への展開など、多方面に応用可能な戦略的武器として活用され、進化してきた。

このように、イノベーション[★1]というのは最初から用途や使い手を完全に読み切って生まれてくるわけではない。ある用途が発見されて製品化され、それを顧客が使っていく過程で学習し、別の用途を見つけ出していく。また周辺の産業もそれを活用するための製品・サービスを考案し、結果的に大きな経済的効果を持つものに育っていくものである。一つのイノベーションがその関係者の学習を生み、新しいアイデアを創発させ、その結果として、事前に予想されなかったような広がりを持つようになっていくところが、イノベーションの面白さである。

このイノベーションの面白さは、建設機械のコマツの事例でも確認できる。バブル崩壊後の2001年、坂根正弘（現・相談役）がコマツの社長に就任したとき、同社は132億円という創業以来初の営業赤字を計上する危機的状況だった。坂根は海外展開が見込める商品以外は製造を打ち切り、リストラを行うなど、大胆な構造改革で国際競争力をつけて危機を乗り切った。だが、注目すべきは、そのようにしてコスト構造が改善されたことだけではない。坂根は同時に、同社が未来に向かって大きく飛躍していく際の基盤となるイノベーションを強力に推進したのである。本章では、コマツのイノベーションがどのようにして生まれ、大きく広がっていったのかを読み解いていく。

★1―既存の努力の延長線上では出現してこないような画期的に新しい製品や生産方法、組織、ビジネスのやり方などのこと。またそれを生み出すプロセスのこと。

新しいビジネスが生まれると直観した

坂根が社長に就任する少し前の90年代後半、国内で建設機械（建機）を盗んでATMを壊し、現金を奪う事件が頻発した。コマツの建機も狙われ、坂根が「どうにかならないか」と技術者に相談したのがきっかけで、当時普及し始めていたカーナビのように、建機にGPSを付けて位置情報を取るという案が出てくる。これを面白いと直感した坂根は、研究を進めるよう指示を出した。

この研究に、東北から北関東を地盤とし、コマツの建機を当時約1600台所有していた建機のレンタル会社「ビックレンタル」の社長、四家千佳史が興味を持った。四家は、ITによるビジネスの効率化に非常に熱心な若き起業家であっ

図 5-1 ★建機ビジネスの仕組み

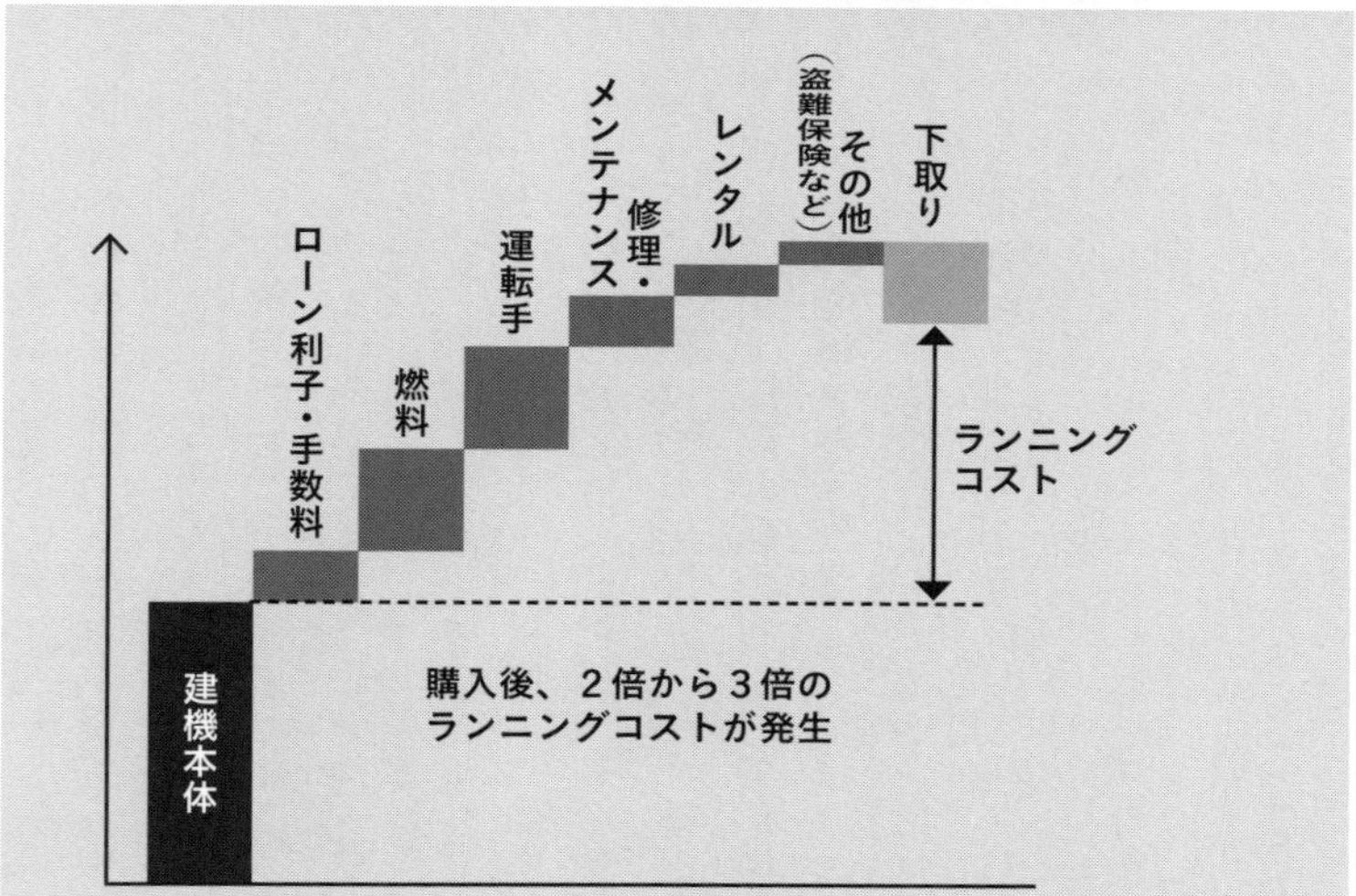

新津（2014）より

た。彼は、iモード（NTTドコモが開発した世界初の携帯電話対応のインターネットサービス）が世の中に出た際にも、携帯電話で在庫検索を行えるシステムを自前で作り、ビックレンタルの営業マンが出先で即座に在庫確認ができるようにしてビジネスを拡大していった。

四家は、GPS付き建機のアイデアに直感的に強く惹かれるものを感じた。四家の直感は、遠く分散して存在する建機について、市場が直接見えるようになること、その方向への変化は経営上非常に重要な情報を与えてくれる、というものだった。四家は、のちに「KOMTRAX（コムトラックス）」と名付けられるこのシステムを初めて見たときのことを振り返って、「お客様の現場で使われている場所と状況がリアルタイムで把握できる。できなかったことができるようになることで、新しいビジネスが生まれると感じた」と語っている。パーク24の西川がオンライン・システムの導入時に抱いた直感と類似している。四家は、コマツの技術者と一緒に、GPSを使ってどんなことができるかを試し始める。

ここで踏まえておきたいのが、建機は本体も高いが、**ランニングコスト**[★2]も高い業種だという特徴である。図5-1（→p.134）にある通り、建機というのは、ローンの手数料、燃料費、運転手の給料、修理・メンテナンス、保険など、建機本体の価格よりも、買ってからの維持費が高くつく。しかも、下取り価格が相当大きいから良い状態に保っておくことが非常に

★2―機械を購入するなど、初めの段階でかかる費用をイニシャルコストといい、その後、機械を所有し、使用する際にかかるコストをランニングコストという。

重要である。このように、ある製品を所有して使い続ける際にかかる総費用を「**トータル・コスト・オブ・オーナーシップ（TCO[★3]）**」という。われわれがプリンターを購入すると、その後のインク代がかかるように、あるいはクルマを購入するとその後のガソリン代や保険料などがかかるように、製品の購入はハード単体の価格だけでは評価できない。一般消費者はそこまでしないかもしれないが、企業が設備を購入する場合にはTCOを丁寧に計算した上で、その決定を下す。

図5-1を見てわかるように、建機のTCOを左右する要因として、ハードの代金以外に、ローン利子・手数料、燃料代、運転手の賃金、修理・メンテナンスの費用、下取り価格（いくらで下取りしてもらえるか）が重要だということがわかる。これらの費用には、建機が稼働していないときにものしかかってくるものもある。運転手には建機が故障で止まっていても賃金を払わないとならない。故障すれば修理しないとならないし、定期的なメンテナンスが行き届いていないと下取り価格が落ちる場合がある。

このようなコスト構造になっているため、機械の休んでいる時間、あるいは機械が現場で故障しているダウンタイムをどれだけ減らすことができるか、もしくは、どれほど良い状態にメンテナンスして下取り価格を高くできるかという点が非常に重要である。レンタル会社からすれば、建機を常に最適に配置し、故障のない状態に整備して、できる限り借り手に即応するようにしたい。一方で、借り手はできる限り故障せずに建機が働き続け、工期が短縮できるようになるように、と考えている。四家がビックレンタルを設立したころ、一般には建機の稼働率は3〜4割だといわれていた。これを高めることができれば、レンタル業も建設業も大きなメリットを受ける。GPS付きの建機は、その方向への進化を実現するために重要な一歩であった。

2 システムを広める段階での卓越した決断

1998年に始まったコマツとビックレンタルによる共同研究では、建機にGPSを付けて「位置情報」と「エンジンの稼働時間」がオンラインで確認できるようにした。その結果、レンタル会社から見た建機の稼働率が従来の4割から8割へと向上した。

建機は大きくて重いので、一つの工事現場から他の工事現場へと移動させるのに時間とコ

★3――当初に機械を購入した際に支払うハードのコストばかりでなく、その機械を使って発生するランニングコスト、さらに最終的に下取りに出して販売したときの資金回収まで含めて、ある機械を購入して所有している間にかかるすべてのコストの総和のこと。例えばハードだけを比べると一方の機械の方が高価でも、その後の電気代まで含めるとハードの価格が高い機械の方がトータル・コスト・オブ・オーナーシップが低くなるという可能性がある。投資を行う際には、ハード本体の価格だけで判断してはならないので、このような概念が重要になるのである。

ストがかかる。工事が終わった現場から次の現場に動かすのが効率的になれば、そのぶんだけ稼働率アップにつながる。GPSによる位置情報とエンジンの稼働情報がわからない場合、「どこでどの建機が動いているか」「いつごろ工事が終了しそうか」ということが把握しづらく、どの建機を次にどの現場へレンタルするかという意思決定が効率的には行えなかった。

しかし、位置情報と稼働情報がわかると、どの工事現場の機械を次にどの営業拠点に持って行けば、次の工事現場への移動がスムーズかという視点から適切に意思決定ができるようになった。これほど的確な配車ができるようになったのに、配車スタッフの数が増えたわけではない。まさにこのシステムが効率化の源泉だったのである。

さらに、エンジンの稼働状況を見ると、稼働率の高低を判断できるようになる。高稼働の機械は故障する確率が高くなる。この情報が手に入ると、修理の必要な時期が近づいている機械がどれかという状況がつかめる。修理しに行く先の位置情報も正確にわかるので効率的な保守体制を敷くことができ、保守サービス費用が20%も削減された。

ビックレンタルとの共同研究の結果、導入すればオーナーにとって圧倒的なメリットがあることが判明した。コマツはこの機械稼働管理システムをKOMTRAXと名付け、2000年に有料のオプションとして販売を始める。しかし、当初はこのオプションの売れ行きは芳《かんば》しくなかった。TCOを考えれば、圧倒的にオーナーにとってメリットのあるシステムだということはコマツにはわかっている。しかし、建機の買い手側からすればその効果は不確実である。実際に使ってみて、初めて強力な武器になることがわかるのである。

KOMTRAXの標準装備化を決断

買い手側がメリットを確証できない故に買い控えが起こっている。そこで、2001年に社長となった坂根は、KOMTRAXを建機の標準装備にすると決断した。当時、コマツは創業以来初の営業赤字を計上する最悪の業績であったが、あえて利益率を低下させる標準装備に踏み切ったのであった。

実際のところ、標準装備には非常に重要な意味がある。なぜなら、コマツで扱うすべての建機にシステムが搭載されている場合と、一部の建機にしかシステムが搭載されていない場合では、データの持つ意義が大きく変わるからである。個々のレンタル会社からすれば自社のみがKOMTRAXを導入しても、その会社内で稼働率アップにつながるというプラスの効果を得ることができる。しかし、標準装備にすると、コマツの建機すべての稼働状況がわかるようになるので、コマツにとって非常に重要な情報が生み出されることになる。コマツの建機のうちの半分にしかKOMTRAXが導入されていないと、一部の情報しか把握できずデータを活用しづらい。すべての建機の情報を「見える化」し、コマツ自身が次の一手を考えていく上で、KOMTRAXを標準装備とすることは決定的に重要な意思決定だったのである。

さらにコマツは、位置情報とエンジンの稼働情報に加えて、新たなセンサーを追加するなど、手に入る情報の種類を増やしていった。具体的には、エンジンオイルや作動油の残量や圧力、冷却水の温度、フィルタの目詰まりなどのデータを追加で入手できるようにセンサーを増やしていった。こうして、ＫＯＭＴＲＡＸがコマツのビジネスにイノベーションを起こす準備が整った。

3 サプライ・チェーン全体で好循環が始まる

ＫＯＭＴＲＡＸが標準装備となり、「どこで、どの建機がどういう稼働状況にあるか」を把握できるようになったことは、多様な効果をもたらした。

まず、当初の目的であった盗難防止への貢献は言うまでもない。盗難に遭った機械は遠隔操作でエンジンがかからなくできる。しかも、どこにあるかがわかるので追跡も可能である。

第二に、稼働状況を把握することによる稼働率のアップと保守サービス費用の削減が実現できる。ビックレンタルとの共同研究で明らかになったように、どの工事現場で工事が終了しそうかが予測できるようになると、次の工事現場の場所に合わせて建機の配置が最適化できるようになる。また、センサーが増えたので、エンジン以外にも多様な部品の修理時期を予測でき、予防保守もできるようになった。個別の機械の状況が細かく把握できるので、メンテナンスの時期やどのような部品が必要かなどを事前に把握できる。土木工事の現場は辺《へん》鄙《ぴ》な場所も多く、しかも工事が進むと建機が大規模な工事現場の中を移動していくので、機械故障の連絡を受けて駆けつけようにも、建機の場所を特定できないことが多かった。現場にたどり着いて機械を検査し、持ってきた部品では足りなくてまた取りに戻るというムダも多かった。KOMTRAXで事前に何が故障しそうかということを予想できるようになると、このようなムダが減らせるのである。

多数の建機からデータが蓄積されれば、どのような使い方が故障を減らせるかという傾向もわかってくるので、顧客に対して故障を防止するアドバイスもできる。メンテナンスの効率を高めるとともに、建機のダウンタイムを減らせるので、この点は、コマツにとっても、またユーザーにとっても大きなメリットとなり、最終的にコマツに対するロイヤリティを高めることが可能になる。

第三に、債権回収[★4]にも活用できる。建設機械はハードの代金が高額なので分割ローンでの契約も多いが、ユーザーからの支払いが滞る債権回収のリスクがある。KOMTRAXがあ

★4——企業はモノを売るときに、現金で売買する場合もあるが、通常は納品後に請求書を送って、代金を支払ってもらうというプロセスを経る。納品後に代金を徴収することを債権回収という。実際のところ、納品してもなかなか代金を支払わないケースは少なくないので、コマツのKOMTRAXは債権回収の際に重要な武器になるのである。

れば、顧客の支払いが何度も停滞するような場合、警告した上で遠隔操作により機械を止めることができる。代金を払わずに使い続けるということができなくなるので、債権回収のリスクが大幅に減少した。

第四に、KOMTRAXによって建機のメンテナンス履歴がデータとして残るようになったことで、中古価格が上がった。メンテナンス履歴が明確でない中古機械は、買い手から見るとリスクが高い買い物である。中古の自動車や建機などは、売り手はどこに問題のある機械かをよく知っているが、買い手にはそれが見えない。それ故に、買い手の直面する不確実性を削減することができれば、安心して、より高い価格で購入してもらえる。すでに見たように、TCOに占める中古品の買い取り価格は比較的大きい。この部分が高まることは建機のオーナーにとって非常に重要なのである。

第五のメリットは、コマツのサプライ・チェーンが得た効果である。コマツの工場は顧客との接点である代理店からのオーダーを頼りに生産を行っていた。KOMTRAXにより、工場が車両の稼働状況やコンポーネントの損耗状況について積極的にモニタリング・分析を行うようになり、部品寿命やオーバーホール実施時期の予測精度が向上した。さらに工場は、部品を納める協力企業と生産に関する情報を共有することで、サプライ・チェーン全体が最終市場への適応を高度化し、製品リードタイムの短縮につなげている。

さらに、第六のメリットとして、コマツがマクロな経済活動の情報をグローバルに獲得することができるようになったという点も重要である。経済の動きを見るのに、住宅の着工件数や土地開発、道路建設、鉱山などの資源開発などは重要な先行指標である。世界各国でＫＯＭＴＲＡＸを使って建機をモニターしていれば、どの地域でどの程度の工事が行われているかがわかる。これら景気の先行指標をグローバルなレベルで大量に保有することになったコマツは、世界経済の動向について、完全な予測ができないまでも、一定の予見を持つことができるようになった。もともと建機のビジネスは、景気に大きく左右される。その結果、コマツ自身も過剰生産による在庫を抱えたり、逆に需要の立ち上がりを捉えきれずに売り逃《のが》しを経験することがある。このような変動に対する準備ができるようになるという意味でも、ＫＯＭＴＲＡＸには大きな価値があるのである。

―ICT（情報通信技術／Information and Communication Technology）が建機を変え、やがて建機を使うビジネス全体の行動パターンが大きく変わり、サプライ・チェーン全体で新しいもうけ方に基づく努力の方向性がみいだされていく。そのようにしてサプライ・チェーン全体の競争力が上がり、ますますビジネスがうまく回るという好循環が始まった。１台の建機の稼働率を上げてより効率的に稼げるようになり、坂根が社長に就任した２００１年にマイナスを記録した営業利益率は、翌年からＶ字回復し、社長を野路國夫（現・会長）に引き継いだ２００８年には14・８％まで向上した。その後リーマン・ショック後に低下するものの、今日に至るまでほぼ10％を超えている。

コマツの技術、四家の市場を見える化する執念、坂根の英断が、コマツとそれに関連するすべての人々の努力を引き出し、達成された成果である。

4 ブレイクスルーだけではイノベーションは起きない

ＫＯＭＴＲＡＸから始まったコマツのＩＣＴ活用の進化は、現在、**「スマートコンストラクション」**という建設現場向けのソリューションサービスにまで到達している。これは、工事現場の上空にドローンを飛ばして現況地形の写真を撮り、工事の発注主から得られる完成図面と照合することで、施工範囲、土量などのデータを取得して、運転操作の一部を自動化した建機に転送する、という仕組みである。ドローンを飛ばして得られたデータに基づいて、「どの山の土を削って、どこに盛るか」などをプラスマイナス数センチの精度で管理し、ＩＴＣ建機が半自動で動いて作業を遂行していく。管理者は正確な施工計画が立てられ、建機のオペレーターの負担も大幅に軽減される［図5‐2（→p.145）］。コマツはこのサービスを２０１５年２月から積極的に国内で展開している。

通常、建設現場のオペレーションは長年の習熟が必要とされ、作業員を育てるまでに時間がかかる。現在、少子高齢化などで建設現場の人手不足は深刻な問題となっているので、ス

図 5-2 ★スマートコンストラクション

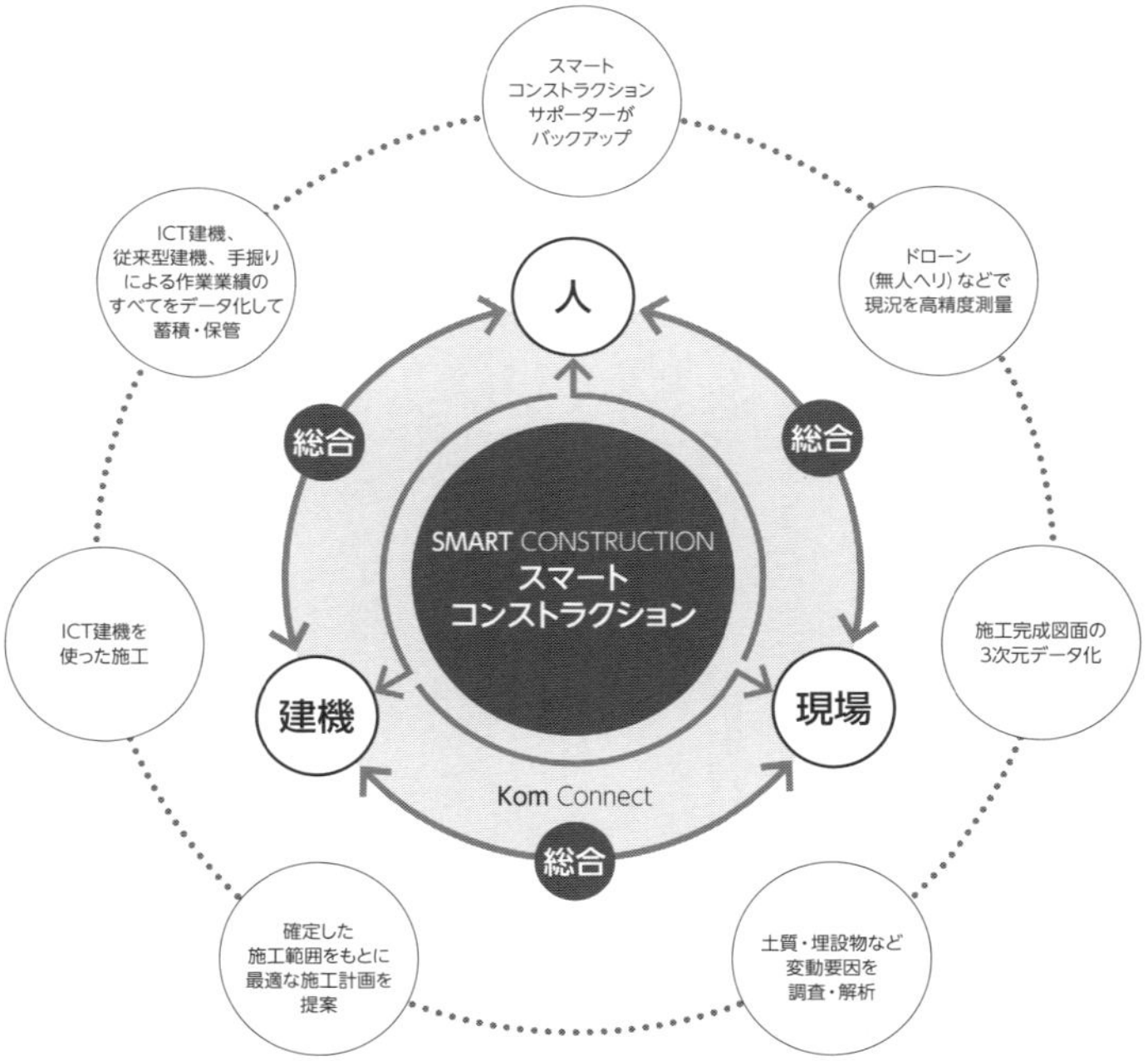

ドローン(写真)や3Dレーザースキャナ、建設機械に搭載されたステレオカメラなどで3次元測量を行う

これまで2人がかりで長時間かけて行ってきた測量。ドローンを飛ばせば大幅に効率がアップする

インターネット機能のついたICT建機。モニタの見やすさ、操作のしやすさなども工夫されている

資料：コマツ提供

マートコンストラクションに向けられる期待は大きい。これを使えば、経験の浅いオペレーターでも難しい現場のオペレーションができるからである。

イノベーションの「連鎖」で経営成果が生まれる

スマートコンストラクションは、工事の始まりから終わりまでの全期間にわたって、工事にかかわる現場と人と建機を、ICTによってすべてつなぐ、今で言うIoT（モノのインターネット／Internet of Things）[★5]を中核にしたコマツのイノベーションである。

このイノベーションの指揮を執っているのは、2015年1月にビックレンタルのトップからコマツレンタルの社長を経て、コマツ執行役員・スマートコンストラクション推進本部長となった四家千佳史である。

イノベーションは一つだけで完結するものではない。多数の工夫と知恵と努力が次々にイノベーションの連鎖を作り出して、大きな経営成果を生み出すのである。KOMTRAXの始まりは、坂根が指示した「盗難防止ができる技術」である。共同開発に当たった当時ビックレンタルの社長だった四家は、機械稼働の見える化を推進し、自社のレンタル車両の稼働率を高めた。坂根のKOMTRAX標準装備の意思決定後、KOMTRAXは大きく飛躍していく。建機に関わるさまざまな情報をサプライ・チェーン全体で共有し、顧客のTCOの改善を進めた。世界経済の動向を大まかに把握することが可能になり、過剰在庫と過小在庫の揺れ幅を小さく抑えることができるようになった。

このKOMTRAXで培ったICTがインフラとなり、その上にスマートコンストラクションが登場する。盗難防止という当初の目的から出発して、多数の人々の努力と知恵が次々にイノベーションを誘発し、IoTのお手本とも言えるようなシステムにまで到達しているのである。ブレイクスルーばかりでなく、その後のフォロースルーを経て、また次のブレイクスルーが誘発されたのである。

★5―情報通信機器に限らず、世の中に存在する物体(「モノ」)に通信機能を持たせ、インターネットに接続させることにより相互に制御したり、自動認識が行えるシステムのこと。

第5章 Chapter

point

- イノベーションは、最初から用途を完全に読み切って生まれてくるわけではない
- 一つのイノベーションが関係者の学習を生み、新しいアイデアを創発させ、事前に予想されなかったような広がりをもつようになる
- イノベーションは一つで完結しない。多数の工夫と知恵と努力が次々に連鎖をつくり出すものである

業界の中でニッチャーとして生きる

Chapter 第6章

キーワード

ニッチ
ニッチャー
選択と集中

業界内で独自の地位を築くには、どうすればよいのだろうか。本章では、「富士重工業（スバル）」を取り上げる。生産台数の世界シェアで1%程度という、自動車メーカーとしては小規模な富士重工業が、好調を続ける背景にはどのような「戦略」があるのだろうか。

ケース 8

富士重工業の事例

北米市場への集中で良循環を回す

富士重工業の前身は、1917 年、元・海軍機関大尉の中島知久平が創設した「飛行機研究所」で、戦前・戦中、多数の航空機・航空機用エンジンを量産した。
戦後の 1953 年に富士重工業が設立され、
「スバル」ブランドの高い技術力を誇る自動車にはコアなファンもついていたが、
業績には結びつかなかった。2011 年 6 月に社長に就任した吉永泰之は、
前社長の森の路線を引き継ぎ、好業績を続けている。

1 地味で小粒なメーカーが躍進企業に化けた

業界の中で比較的小さな市場シェアしか持たないのに、利益性を見ると大変良好な会社がある。独特のブランド・イメージを構築していたり、独特の技術を持って他社に模倣されないようになっていたり、といった方法で非常に強い顧客基盤を確保している。独特のニーズで特徴づけられる小規模な市場を**ニッチ**[★1]、またそこで独自の地位を築いている会社を**ニッチャー**と呼ぶ。本章では、そのニッチャーの典型例を一つ取り上げて考察を加えることにしよう。ニッチャーとして成功するためにはやはり選択と集中という基本を外すことができない、ということが明らかになるだろう。

ここで取り上げる事例は、好業績を続けている富士重工業である。「富士重工業」という社名を知らなくても、6つの星が輝くエンブレムを冠した「SUBARU（スバル）」ブランドの自動車は、見たことがあるだろう[★2]［図6-1（→p.154）］。あるいは、「ぶつからないクルマ?」の広告で「アイサイト」という運転支援システムを記憶している人もいるかもしれない［図6-2（→p.154）］。生産台数の世界シェアで1%程度という小規模な自動車メーカーではあるが、多くの人の記憶に鮮明に刻印されているように、富士重工業の好業績が続いている。

2016年3月期決算では、売上高が3兆2323億円（前年同期比12・3％増）、営業利益が5656億円（前年同期比33・7％増）。販売台数は約95万8000台となり、100万台の大台がすぐ目の前に迫っている。特に北米市場が好調で、販売台数は7期連続で過去最高、全世界販売台数および海外販売台数も4期連続で過去最高を更新している［図6-3（→p.156）］。売上高営業利益率も17・5％（2016年3月期）と際立って高い。国内製造業の平均が4％程度といわれ、エクセレント・カンパニーのトヨタでも同時期に10・0％であるから、いかに富士重工業の利益率が高いかがわかる。

「アウトバック」「フォレスター」という車種を中心に北米での人気が高く、また日本でも「アイサイト」への注目度も高く、販売に生産が追いつかない状態が今でも続いている。

2017年の秋からは「スバルグローバルプラットフォーム」と呼ばれる基本骨格を使った

★1—ニッチとはもともと壁のくぼみのこと。それが転じて、例えば大きな魚が入り込めない岩の下のくぼみのような生息場所で小さな魚が繁殖しているような場合に、その空間を生態学的ニッチ（適所）と呼ばれるようになった。企業間競争でも、同様に、大規模企業が入り込めない小さな市場で利益を上げる小規模な企業がある場合、他とは切り離された小さな市場をニッチ市場、またそこで繁栄している企業をニッチャーと呼ぶ。

★2—2017年に社名とブランド名を統合し、「株式会社SUBARU（スバル）」とすることを発表した。

図 6-1 ★スバルのエンブレム

SUBARU

「六連星」をあしらったスバルのエンブレム

図 6-2 ★「アイサイト」の宣伝

「クルマは、人生を乗せるものだから」というコピーでコマーシャルを展開。富士重工業のホームページには「アイサイトで助かった人。」というコーナーに顧客の体験・声を集めて掲載している

資料：富士重工業提供

新型「インプレッサ」が登場し、順次他の車種へと展開され、自動車の安全性能と走りの楽しさをさらにアップして、今後の成長を継続していく姿勢を示している。

株式市場で注目されない会社だった

しかし10年前、この好調を予測できた人はいただろうか。富士重工業は日本の乗用車メーカー8社のうち最も規模が小さく、2000年代まで業績低迷が長く続く「地味で投資家の関心を引かないメーカー」だった。この点は一目瞭然である。〔図6-4 （→p.156）〕に示されている10年間の株価推移を見ると、この点は一目瞭然である。約10年前の2007年1月4日の終値《おわりね》が640円だったのに対して、2016年8月時点では3800円程度へと値上がりしている。途中、リーマン・ショックのためにほとんどすべての会社の株価が大きく値下がりした局面はあるが、それを無視すると約7・3倍になっている。さらに付け加えるなら、すでに北米市場で販売が好調だった2012年の始値《はじめね》ですら473円であった。富士重工業の株価が3000円を超えてくるのは2013年の末のことだから、株式市場自体が富士重工業の将来を前々から予測していたとは言い難い。しかし、現在は株式市場で注目される会社になったことは間違いない。このことは、図6-4を見れば一目瞭然であろう。

現在の好業績を社長として牽引しているのは、2011年6月に就任した吉永泰之である。前社長の森郁夫とともに、好業績の礎となる中期経営計画の策定に携わり、持ち前のリー

図 6-3 ★富士重工業の連結売上高と利益の推移

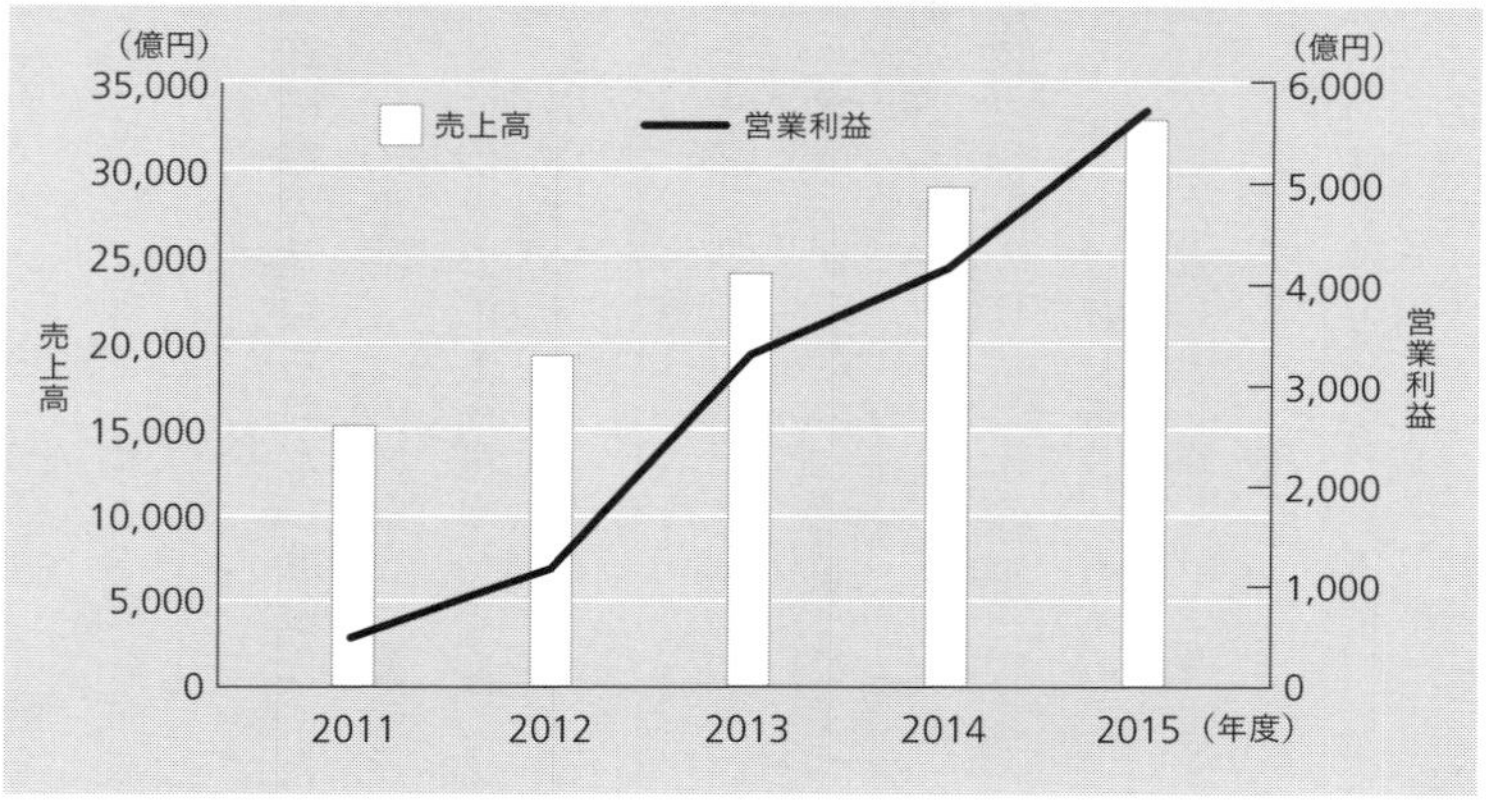

資料：富士重工業ホームページより作成

図 6-4 ★富士重工業の長期レンジでの株価推移

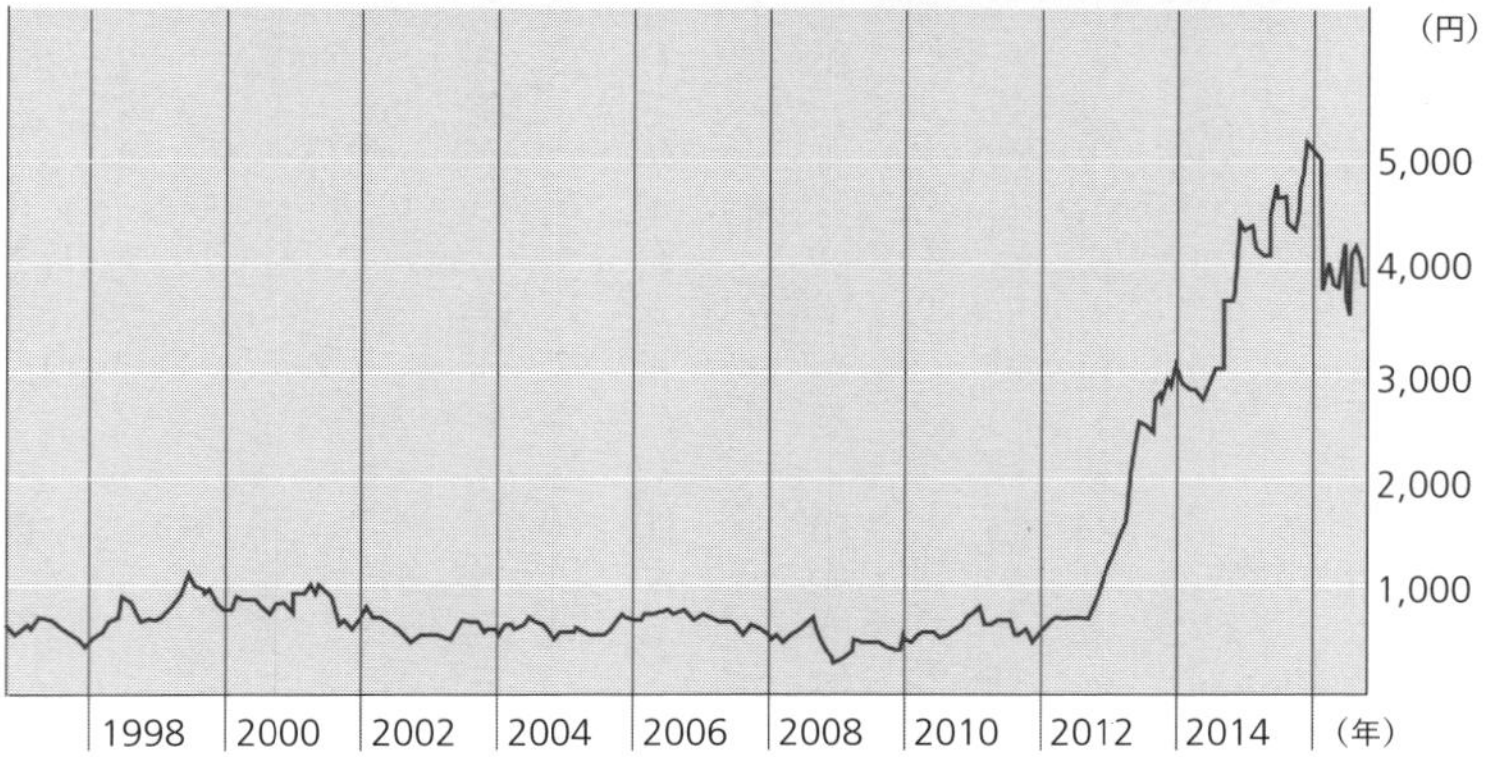

資料：ロイター .co.jp を引用

ダーシップで現場を率いてきた。ここからは、日本の自動車業界では最小ながら、自社の強みに経営資源を集中する「ニッチ戦略」で勝負する富士重工業の戦略について学んでいこう。

飛行機の製造から技術を転換

富士重工業は独特の出自を持つ会社である。1917年、元・海軍機関大尉の中島知久平[★3]が航空兵力強化のために設立した「飛行機研究所」（1918年に「中島飛行機製作所」に改組）を前身とし、戦前・戦中、多数の航空機・航空機用エンジンを量産した。有名な「ゼロ戦」（零式艦上戦闘機）の開発元は三菱重工業だが、そこにエンジンを供給し、またライセンス生産を請け負って実際に半数以上を製造したのは中島飛行機製作所（以下、中島飛行機）である。

戦後は富士産業と改称し、他の多くの軍需向け企業と同様に、非軍需産業に転換する。同社はバスやスクーターの開発を行っていたが、GHQによる財閥解体の対象となり、工場群ごと12社に分割・解体されてしまう。

いったんバラバラになった12社のうち5社が共同出資して「富士重工業」を設立し、その富士重工業が出資した関連5社を吸収合併する形式をとって1953年に新たな富士重工業

★3―1884～1949年。海軍機関大尉であったころに飛行機の民間生産を志し、群馬県に「飛行機研究所」を設立するとともに軍を中途退役、実業家に転身する。「飛行機研究所」は、のちの「中島飛行機製作所」、また戦後の「富士重工業」の前身となる。その後、政治家に転じ、大臣や政友会総裁を務めた。

が発足した。スバルのクルマに付いている「六連星」はそのときの前身となった5社プラス富士重工業の合わせて6つを表わしているという。

エンジンの開発に技術的伝統を持つ富士重工業は、世界でポルシェと富士重工業のみが持つ**「水平対向エンジン」**によって他社との差別化を図ってきた。水平対向エンジンは重心が低く、安定した運転を可能にする。例えば、カーブを曲がるときなどに大きく揺れる現象が抑えられるのである。四輪駆動（4WD：Four-Wheel Drive 最近では全輪駆動［AWD：All Wheel Drive］と呼ばれる）による操縦安定性など、走ることを楽しみとするユーザーにとって非常に魅力的な製品をつくり、「スバリスト」と呼ばれるコアなファン層を生み出してきた。中島飛行機以来のものづくりの伝統を継承し、一定数の根強いファンを生んできたのである。

しかし、独自技術はなかなか業績に結びつかなかった。おそらくその問題の源泉は、**「選択と集中」**という戦略が欠けていたことである。

小さな会社ほど「選択と集中」が必要

どんな会社であれ、その業績低迷の原因は驚くほど多様であり得る。例えば、商品企画が弱い、チャネルの販売力が足りない、工場が高コスト体質である、などなどのことが考えられるだろう。このすべてを一つずつ改善していくというのも一つの方法である。王道のように聞こえるが、実際には、そのような手堅いやり方で業績を維持できるのは、通常は市場のトップを行くリーダー企業や、かなり規模の大きなチャレンジャー企業だけである。それらの企業はヒト・モノ・カネが豊富に備わっていて、そのような一歩ずつの改善を他社よりも早く着実に進めることができるのである。

しかし、下位に低迷している企業の場合は、これらのリーダー企業などと同様のコツコツ積み上げ式の手をとっていると、いつまでたっても追いつかない。それどころか、実際には、経営資源のギャップがある分だけ、時間とともに差が開いていく。企業間競争は相対評価である。自社がチャネルの販売力を改善している間に、他社はさらに改善を進めるかもしれない。これでは経営資源の少ない小規模企業は徐々に負けていくことになる。この場合、全面的な改善ではなく、どこか一つに絞った経営資源の集中投入をしなければ、大きな企業に勝つためのきっかけを手に入れることは難しい。しかも、その集中によって、商品企画力やチャネルの販売力や工場の高コスト体質など、その他の多様な問題点が一つずつ自然に解決していくような一点を選ばないとならない。

実際のところ、当時の富士重工業は、中島飛行機を源流とした自動車以外の航空機事業、産業機器事業、バスボディ事業、塵芥《じんかい》収集車まで手がけ、「総合輸送機器メーカー」を自認していた。規模が限られているのに、「総合」メーカーを目指していたのである。しかも、

★4―フィリップ・コトラーが示した類型で、業界内でNo.1のシェアを誇る企業のこと。2番手企業のことをチャレンジャー企業という。

自動車だけに限っても、多様な車種を取りそろえていた。軽自動車からハイエンド・モデルまで取りそろえ、そのうえ国内とアメリカと両方をにらみながら商品をつくっていた。

こうした中、2006年に社長となった先代の森は、抜本的な変革によって業績を改善しなければいけないと危機感を募らせ、策を練っていた。当時、戦略本部長だった吉永（現・社長）と議論を重ねながら、森は大きな決断をする。成長市場にターゲットを絞り、**経営資源を集中して注ぎ込む戦略**に舵を切る決断である。スバルの潜在的な需要が眠る地域、それは「北米」だと森は判断した。2007年、富士重工業は選択と集中を開始する。

2 北米市場のためにクルマをつくる

海外営業畑出身の森は、米国での営業経験が長く、スバル車の性能が現地で高く評価されるものであるのを知っていた。特に北部の雪の多い地域では、四輪駆動SUV（スポーツ多目的車）の需要が多くある。よく走り、安全性の高いスバルの四輪駆動SUVをリーズナブルな価格で顧客に提供すれば確実に売れると森は考えていた。しかし、性能は良いのだが、米国人が乗るクルマとしては、スバル車は小さくて狭い。「もう少し大きければ売れるのに」と、北米市場のポテンシャルに対して歯がゆさを感じていたという。★5

主たるターゲットを米国市場にシフトする。低迷打開のための戦略をそう定めたとき、同時に森はいくつかの重要な決断を行っている。その中の一つが、「クルマのサイズを大きくする」という決断である。横幅で見ると、おおよそ5センチ程度広げることにしたのである。

クルマのサイズを大きくするだけで「決断」というのは大げさに聞こえるかもしれない。しかし、例えば、同社のクルマを停めておく倉庫は、旧来のクルマのサイズに合わせて設計されている。横幅を大きくすれば、駐車スペースに収まらない可能性すら出てくる。富士重工業は、そのぎりぎりまで大きくしたのである。モノという経営資源の限界ぎりぎりの大胆な「決断」だったのである。

しかも、クルマのサイズを大きくするということは、国内の支持者の声を切り捨てることを意味する。国内自動車業界の中で最小規模であり、経営資源が豊富とはいえなかった富士重工業にとって、北米市場に合わせた大きいクルマを、従来通りの日本向けサイズのクルマと並行してつくるという選択肢は取れない。それ故、森は**米国市場を「主」、国内市場を「従」**とすることをはっきりと示した。国内向けに小さめのクルマをつくって海外でも売るという従来のスタンスを逆転させ、クルマのサイズを米国市場に合わせて大きくすると決めたのである。だが、この変更は国内の販売網に深刻な問題を投げかけることになる。これまで小型だからスバルを好んできた顧客もいる。日本の道路事情や車庫の広さを考えれば、古

★5—みずほ総合研究所『Fole』2013年6月号のインタビューより。

くからの顧客はサイズの大型化に反発する可能性が高い。国内のディーラーにとっては死活問題であった。

つまり、「米国向けに絞り込んでクルマのサイズを大きくする」という言葉の裏には、「日本向けのサイズで好評を得ている現状を切り捨てる」というメッセージが含まれているのである。集中する部分だけを取り出せば当然のことのように見えるかもしれないが、切り捨てられる部分をあらためて問い直してみると、この「選択と集中」が非常に大胆な決断であることがわかるはずである。

ディーラーの怒る顔がぱーっと浮かんだ

当時の森社長が行ったもう一つの決断は、**「軽自動車からの生産撤退」**である。コスト競争が厳しい（つまり富士重工業のものづくりとは相性が悪い）軽自動車の自社生産を止めて、同分野を重点領域から外し、勝算のある北米市場に合わせた普通車の開発にヒト・モノ・カネを振り分けるためである。これは1つ目の決断と同様、大きな痛みを伴う決断だった。なぜなら、軽自動車は富士重工業にとって象徴的に重要な製品分野だったからである。

富士重工業が1958年に世に送り出した排気量360 ccの軽自動車「スバル360」は、伝説的なクルマである。マイカーが普及し始めた時代に、廉価で十分な実用性を備え、デザインがユニークなこのクルマは「てんとう虫」の通称で親しまれ大ヒットとなった。富士重工業が自動車メーカーとしての道を歩む転換点となったのが、「スバル360」であった。軽自動車の開発をやめるということは、こうした会社の歴史を否定する行為とも解釈されかねない。実際に遂行されたのは吉永が社長になってからだが、この意思決定には販売店のみならず、会社のOBや他の役員たちも一斉に異を唱えた。

森から最初にこれらの案を聞いたとき、吉永の頭には「国内ディーラーの怒る顔がぱーっと浮かんだ」と言う。「軽自動車をやめてレガシィを大きくしたら、国内の販売網が大変なことになる」。吉永の意見に対し、森は「それなら、国内のディーラーへの対応をあなたがやるしかない」と言い、吉永を国内営業本部長に任命する。

吉永は戦略本部長となる前は国内営業を担当していた。明るい性格で現場の苦労をよく知り、ディーラーたちからの信頼が厚い。同時に、経営計画策定に深くかかわり、森がやろうとしていることを最もよく理解している人物でもある。この両方の特徴を持った吉永が、アメリカ市場集中のために犠牲になる国内をまとめ上げていく役割を担ったのである。

3 言葉の力で社員を一つに結びつける

富士重工業は2009年に主力車の「レガシィ」をフルモデルチェンジし、車幅を広げて

図 6-5 ★レガシィ・インプレッサ・フォレスター

レガシィ

インプレッサ

フォレスター

資料：富士重工業提供

大型化した。★6 以降、次々と車体を米国市場に適したサイズに切り替え、「レガシィ」「インプレッサ」「フォレスター」の主力3車種が出そろったことで、米国市場での販売台数が加速的に増えていった［図6‐5（→p.164）］。

森の狙い通り、北米の雪深い地域の顧客は、パワーがあり、雪道での走行安定性がよく、手ごろな価格のスバル・ブランドを高く評価した。現地での販売実績が積み重なっていくにつれて、スバルの安全性能があらためて注目され、同社の評価はさらに高まっていった。

米国の有力な消費者団体専門誌『コンシューマー・リポート』が発表した2016年の自動車ブランドの総合ランキングでは、スバルがトヨタ自動車の「レクサス」を抜いて2位に選ばれた（1位はアウディ）。さらにコンパクト車部門では「インプレッサ」が5年連続ベストカーを受賞、小型SUV部門で「フォレスター」が2年連続ベストカーを受賞した。受賞理由は「信頼性と乗り心地の良さが際立っており、安全性能も優れている」こと。また、米国で販売するすべてのモデルが、米国道路安全保険協会（IIHS）から「トップセイフティピック」（ピックは選択、あるいは選ばれたモノのこと）という衝突安全性における高評価を7年連続で得たことも、現地での信頼を後押しした。

★6―標準モデルを車幅1730ミリから1780ミリに広げ、北米仕様およびアウトバックはフェンダーの拡張で1820ミリとした。各グレードにおいて先代より約100kgの重量増となった。水平対向エンジンも2・0Lから2・5Lへと大型化し、米国市場のニーズに合わせた。

高性能な技術の客観的な裏づけは、スバルへの信用を高め、ブランド・イメージを押し上げてきた。冒頭で述べた通り、2016年3月期に北米での販売台数は7期連続で過去最高を更新した。現在の富士重工業の絶好調を支えているのは、明らかに北米での売り上げ増である。森の読み通り、北米市場に照準を合わせたことで、良循環が回り始めた。

ここで重要なのは、全社のリソースを米国市場に集中させて、北米市場でのニーズに徹底的に適合したところである。森と吉永は経営計画を策定しながら、「米国向けの開発を優先し、国内向けの開発と〝足して二で割る〟中途半端なことはしない」と考えていた。予期された国内の販売網の混乱、反発にひるむことなく、経営資源に余裕のない会社が、思い切って選択と集中をやり遂げたことが、最大の成功要因である。

富士重工業の強みとは何か

北米を優先し、そこに焦点を当てたことで、商品企画が明確になり、商品の魅力が高まる。最終消費者に好まれる商品ができれば、市場からのプル（引き）が作用し、ディーラーは顧客に売りやすく、値引きの必要も少なくなるので1台あたりの粗利も増える。それ故、チャネルもスバルを売りたがるようになる。同一車種が多数売れるようになれば、そのぶんだけ原材料の大量購入も可能になり、多数のクルマを製造・販売することで組織メンバー全員に経験が蓄積されコストダウンが可能になる。

商品企画力・チャネルの販売力・工場のコスト競争力という3つの課題を一つずつ個別に対応するためのプロジェクト・チームを設立し、一歩ずつ地道に解決しようとしていたら、現在の好調には到達しなかったのではないだろうか。むしろ初めの一歩は、「市場の選択」にあり、ここで北米市場に集中したことで、その後、徐々に良循環が回ってすべてが連鎖的に解決されるようになったと考えるべきであろう。選択と集中を初めに行う際には、既存の路線を切り捨てることへの恐怖にとらわれるが、いったん良循環が回り始めれば少ない経営資源で多くの課題を解決できるようになる。これが選択と集中の効果である。

ただし、再三述べてきたように、選択と集中によって切り捨てられる側面があるということを忘れてはならない。米国での好評と引き換えに、日本においては一時的な不評への対処が必要となった。それを担当したのが現社長の吉永である。「レガシィ」のフルモデルチェンジから2年目、国内の販売は苦戦を強いられ、系列店から「元のサイズに戻してほしい」「価格を下げてくれ」との要望が次々と持ち込まれた。吉永は自社の戦略を繰り返し説明し、採算が取れない店舗は閉鎖するという任務を地道に続けていた。

同時に、暗い雰囲気が漂いがちな社内で、吉永は**「富士重工業の強みは何か」**を皆に問いかける。吉永は、「業界シェア1％の会社が、大手と比べて劣っている面を議論しても出口は見えません。確かに、コストは高いし多くの車種はつくれない。それでもスバルを発売して以来、長年顧客が支持してくれた理由があるはずだと、社内での議論の方向性を変えました」と言う。

自社のプラス面を考え尽くした結果、「スバルらしさ」とは、飛行機会社としての特徴から出てきているということに吉永は思い至る。航空機をつくる会社としての、「安全性を非常に重視する技術文化」を引き継ぐことで生まれたアイサイトのように、クルマを徹底的に安全にしていくための開発を進めている。水平対向エンジンは低重心であり、それ故に、運転していて楽しい。全輪駆動も安全と運転の楽しさにつながっている。

吉永はスバルの強みを、**「安全と愉《たの》しさ」**という言葉に集約した。

4 「ぶつからないクルマ?」で国内が息を吹き返す

「選択と集中」で後回しにされた国内も、この「安全と愉しさ」の「安全」をキーワードにして復活していく。2010年の全国ディーラー会議の前に社内の議論を積み重ねる中で、営業サイドから「アイサイトに注目してはどうか」という意見が提出された。人間の目と同じ2つのカメラで車前方の物体を認識し、自動ブレーキを使って衝突を回避する運転支援システム「アイサイト」は、航空機会社を前身とするが故に、社内で20年も開発を続けてきた技術だという。

しかし、「スバリスト」と呼ばれるスバル愛好家は、もともとクルマ好きで、自分は運転がうまいと自己認識している。そのスバリストたちが自動ブレーキに関心を持つのか否かについては、当初、吉永は半信半疑であった。しかし、実際にテストコースで自ら試乗し、「これはいける」という手ごたえを得た。

アイサイトが市場に受け入れられるには、価格設定も決定的に重要であった。それ故、従来は20万円であった販売価格を、２０１０年から10万円に引き下げることにした。販売の第一線の営業現場から「バンパーの取り換え費用が約10万円。セールストークとして『バンパーを１回取り換えるのと同じ費用で安全が手に入る』と言えば売りやすいから、10万円にしてほしい」という意見を吸い上げた上での決定であった。

富士重工業は「ぶつからないクルマ？」というインパクトあるキャッチフレーズでアイサイトのコマーシャルを打ち、消費者たちの関心を引きつけ、全国の販売店でアイサイトの自動ブレーキを体験できる試乗会も開催した。典型的な広告主体のプル戦略と、いったんディーラーに引き寄せた後は販売員活動によるプッシュ戦略の両方を巧みに組み合わせたプロモーションであった。障害物を前に自動車がスッと停まる体験が広まり、販売台数は右肩上がりに伸びていった。

もちろん、プロモーションにおいてのみ効果的だっただけではない。実際の安全性も大幅に高まっている。国内スバル車の交通事故件数の調査結果（２０１０～１４年度の５年間のデータ）によれば、アイサイト搭載車は非搭載車に対し、車両同士の追突事故では84％減、対歩行者事故では49％減、事故総件数では61％減であった［表6‐1］。

いったん優先順位を落としたように見えた日本国内市場も、アイサイトを起爆剤としたマーケティング戦略が機能し始めた。また、北米を第一として開発されたクルマが、それぞれ明確なコンセプトを持って顧客への訴求力を高めることになり、実際には日本国内市場でも人気が高くなっている。かつてのスバリストたちや、その人たちと接していたディーラーたちから一時的に拒絶反応を受けたのかもしれないが、最終的には、足して2で割る中途半端なコンセプトではなく、明確なコンセプトを持った魅力的なクルマが、独自の顧客層の支持を強力につくり出していったのである。

表 6-1 ★アイサイト搭載車と非搭載車の事故発生件数の比較

アイサイト（ver.2）搭載車　単位：台

2010～2014 年度 販売台数	事故総件数	対歩行者	対車両、その他	追突（内数）
246,139	1,493	176	1,317	223
A：1 万台当たり発生件数	61	7	54	9

アイサイト（ver.2）非搭載車

48,085	741	67	674	269
B：1 万台当たり発生件数	154	14	140	56

搭載車–非搭載車 ＝（A–B）／B	–61%	–49%	–62%	–84%

資料：富士重工業提供。公益財団法人　交通事故総合分析センター（ITARDA）のデータを基に富士重工業が独自算出

5 ニッチャーの成功要因

富士重工業のニッチャーとしての成功は、２００７年から始まる北米市場を中核とした選択と集中の結果として解釈するのが最も説得力がある。本章におけるスバルの選択と集中については２つの経路を説明してきた。

①北米市場への選択と集中→クルマのサイズ拡大→北米での人気
②北米市場への選択と集中→日本市場に合わないクルマのサイズ拡大→日本国内の販売低調→アイサイトへの集中→国内販売の好転

結果的に、北米市場への選択と集中は、商品力をアップして、日本国内の売り上げ増に最終的に結びつくのだが、そこにたどり着くまでの2〜3年間は攻めの北米と守りの日本国内という2つの異なる経営課題を克服していく必要があった。その両面を組織のマネジメントまで含めて巧みに実行してきたが故に今日の成功がある。

最後に、「ニッチャーの選択と集中」に関連して、富士重工業から学べる点を3つほど記して、本章を締めくくりたい。

適正な市場規模を見極める

まず第一に、選択と集中によって、1車種当たりの市場規模を適正化することの大切さである。このバランスが実は相当難しい。

そもそも、以前から「スバリスト」と呼ばれる独特の顧客ベースを持っていたのだから、富士重工業は昔からニッチャーだったという意見もあり得ないではない。ニッチャーだったのに、なぜ昔は業績が振るわなかったのか。

この疑問は、いくらニッチ市場が小さいとは言っても、ニッチャーが成功するには**業界ごとに適正な市場規模がある**、という点を押さえれば解消されるだろう。確かにニッチという言葉は「小さい市場」をイメージさせるが、あまりにも細かく市場をセグメンテーションしてしまうと、経済的に生産できる数量を達成できなくなる。もともとそれほど多数存在したわけではないスバリストたちに、軽自動車から上位モデルまで多数の車種を自前開発で提供していたら、効率的な規模を達成できなくなる。

自動車産業は、川上の部品業界まで含めて、固定的な生産設備を大きく抱える。生産だけでなく、新車開発も多数のエンジニアが関与する固定費の大きな組織活動である。それ故に、販売台数が増えてこないと、損益分岐点を超えず、利益率は低迷してしまう。逆に、損益分岐点を超えて大量に売れ始めると非常に高い利益率を達成できる。1車種当たりどれだけ大量にクルマを販売できるか、という点が非常に重要なポイントなのである。地場のレストランが独特のファンを抱えていて、大規模チェーンに顧客を奪われないからニッチャーだ、というようなケースとは、自動車産業は事情が異なる。できるだけ主力車種を絞り込んで1車種ごとに優れたエンジニアと開発費を投入して、確実に販売台数を確保していく必要がある。

同時に、「売り過ぎ」ても問題である。販売が非常に好調なら、その需要に合わせて供給していくのが基本であるように思われるかもしれない。しかし、誰もがスバルに乗るようになれば、「スバルでなければ」という強いコミットメントを持つ顧客が減少していく可能性がある。一般的なメーカーの一つになれば、ニッチャーとしての強みが生かせなくなる。

2013年時点で、吉永は北米での設備投資のタイミングについて「急拡大するつもりはないが、生産能力を上げないといけない」と語っていた。この発言の意味は深い。

現時点では、需要よりも供給が少なめであるから、高い価格が維持でき、ディーラーが値引きをしなくても売れるクルマとして高い収益性を達成できる。それ故にディーラーのコミットメントが高まり、メーカー側の意図に従ったキャンペーンも打ちやすくなる。値引きせずに売れるクルマは、メーカーにも大きな利益をもたらし、次世代のクルマの開発に大きな資源投入をすることも可能になる。そうして開発されたクルマが再び顧客の心をつかみ、良循環が回り続ければスバルの成功はさらに続いていくはずである。だから、需要が供給を上回っている状態は維持したい。

しかし、逆に、供給不足が行き過ぎると他の会社の全輪駆動車や安全技術への需要を高めることになる。その結果、他社もまた車種をそろえ、富士重工業との競争を仕掛けてくるようになるだろう。あまりにも供給が不足していると、そのスキに他社が現在のスバルと同様のブランドを確立してしまうかもしれない。他社に付け入るスキを与えないためにも、生産能力を需要に合わせて適度に高めていく必要がある。

この供給不足・需要過剰の程度を、どの範囲に収めるか、というのが実はニッチャーが成功し始めたときの大きな課題である。吉永の発言は、そのバランスのとり方について慎重に考えている、という姿勢を示したものである。

ニッチャーとしての「らしさ」の維持

第二に、ニッチャーは顧客との間で一定の相互理解をつくり続けていかなければならない。毎回新しい商品を出すのだが、その「新しい提案」自体が「なるほど、スバルらしい」という特徴を持っていないとならない。そのためには、実は会社内が統一されている必要がある。営業と技術と生産がそれぞれバラバラでは、「スバルらしさ」という顧客との信頼関係を維持するのが難しいのである。

この点に関して、吉永は「安全と愉しさ」という言葉で会社内の人々の志向性を統一しようとしていることが重要である。営業経験の長い吉永は、技術を大切にしつつも、技術志向性のみが強くなりすぎないように、富士重工業の社員を適切な言葉で結びつけることが大切だと考えていた。

どれほど性能のいいクルマを開発しても、営業がそれを理解し、顧客に伝えなければ意味がない。逆に、技術者は自分独自の視点から技術を磨くとともに、営業が顧客に伝えやすいようにということも考えながら技術を磨いていかなければならない。それ故に吉永は、社員全員がイメージしやすい「安全と愉しさ」というコンセプトを掲げ、技術と営業と顧客を一気通貫でつなげ、社員の活動の方向性を合わせようとしたのである。従業員が、何を担当していようとも、スバルについて同じ志向性を共有できる基盤があるから、スバルらしさが生まれるのである。

吉永は、富士重工業の社員の意識についても「安全と愉しさ」というコンセプトで「集中」を実行し、それによって全従業員の志向性が一致して、スバルらしさを会社全体としてつくり出すことができるようになっているのである。

差別化のために取るべきアプローチ

最後に、富士重工業が北米市場に集中する際にクルマのサイズを大きくした、という点をもう一度思い返してほしい。われわれがここから学ばなければならないのは、富士重工業が自社の強みをさらに磨き上げて、強いところで差別化するという方向をとったのではないということである。そうではなく、彼らは「弱点を一つ克服する」という選択をした。ここに注目する必要がある。

この点を理解するには、仮に、２００６〜０７年時点に戻って考えてみれば良いだろう。当時、富士重工業には２つの選択肢があったはずである。

①クルマのサイズを大きくする：北米市場での欠点を克服する
②クルマのサイズは小さいまま、ＡＷＤの性能を高め、それを宣伝するのに資金を投入する：自社の弱いところを克服するのではなく、自社固有の強い部分で徹底的に戦う

後者の選択肢が当時議論されたのかどうかについて、筆者は情報を持っていない。しかし、「多少小さいのは我慢してもらって、スバルの良いところをアピールしていった方が差別化戦略やニッチャーの基本ではないか。弱いところをいじっても、しょせん、他社に対する優位性にはならないのだから」という意見が当時出現していても不思議ではない。富士重工業の場合はわからないが、同様の意見は多くの企業で頻繁に出現する。

富士重工業の場合、「クルマのサイズを大きくする」ことが正解だったのは、そうすることで富士重工業の強みであるＡＷＤや水平対向エンジンなどの特徴が初めて北米市場で真剣な評価の対象となり、強いファンを生み出せたからである。

当時の社長の森が感じていたように、本来ならスバルのＡＷＤの性能や水平対向エンジンによる重心の低さなどは、北米市場で高く評価されても不思議ではなかった。その固有の強みが評価されなかったのは、スバルのクルマのサイズが小さかったために、そもそもの選択肢に入ってこなかったからである。それ故、訴求するべきポイント（ＡＷＤ性能や水平対向エンジン）を磨くのではなく、決定的にマイナスになっているポイント（クルマのサイズ）を克服することで、本来の訴求ポイントが顕著に効果をもたらすようになったのである。

自社が強調したい特徴を際立たせるには、その特徴に注力することが適切とは限らない。むしろ、それ以外のマイナス評価の部分を少し改善することで、本来の訴求ポイントが顕著になることもある。このような差別化の間接的アプローチあるいは迂回戦略も富士重工業のケースから学び取ることができる。

第6章
Chapter

point

- ニッチャーとして成功する基礎には、選択と集中という戦略の基本がある
- 顧客との間で一定の相互理解をつくり続けるには会社が統一的に動き続ける必要がある
- 弱い部分を改善することによって、本来の訴求ポイントが顕著になり、差別化できるケースがある

経営資源を何に投じるか

第7章

Chapter

キーワード

見えざる資産
コンピタンス
事業ポートフォリオ
多角化
差別化
M&A
オープン・イノベーション
スラック資源

経営資源をどのように蓄積し、展開していけばよいのだろうか。本章では、「富士フイルムホールディングス」を取り上げる。かつては売上高の60%近くを占めていた写真事業の衰退に対して取った戦略は、経営資源が鍵を握っていた。

ケース 9

富士フイルムの事例

製品の背後にあるコア・コンピタンスを洗い出せ！

1934 年設立。
主力の写真用カラーフィルムは、
世界で4社しか参入できないほどの高い技術力を要するものだった。
しかし、現・代表取締役会長・CEO の古森重隆が社長に就任した 2000 年ごろから
フィルム写真は衰退の一途をたどり、
写真事業の売上高は 10 年で 10 分の I 以下まで落ち込むことになる。
このような中でフィルムの研究開発、製造で培った技術力を応用し、
化粧品や医療分野に進出することで苦境を乗り切っている。

1　戦略構想の基盤としての経営資源

経営戦略を実行するためにはリソース（資源）が必要である。会社の中で何か新しいことを始めるとき、多くの人は「ヒト・モノ・カネがどれだけあるか（投入できるか）」を考えるだろう。いくらいいアイデアを思いついても、実現するためにプロジェクトを動かす人と設備、資金がなければ絵に描いた餅《もち》で終わってしまう。せっかくいいアイデアがあるのに、お金がないから投資してもらえなかったとか、優秀な人材の頭数が足りていないから新しい仕事を追加しても組織が破綻《はたん》するだけだ、というような場面を経験した人もいるのではないだろうか。戦略の実行には必ず経営資源が必要である。そこまでは漠然とわかっていても、「自分たちが持つ経営資源とは何か」を詳細に把握し、その経営資源を戦略シナリオの中でどのように蓄積し、展開するか、ということを突き詰めて考えてみると思いのほか難しい。

本章では、富士フイルムホールディングス（以下、富士フイルム）のケースを取り上げる。経営資源が戦略実行に際して不可欠の要素であるとともに、新しい経営戦略を生み出す源泉として決定的な役割を果たすことを、理解していくことにしたい。

2 経営資源の横展開による多角化成長

富士フイルムの歴史を見ていくと、いかに経営資源が重要かということがよくわかる。経営資源がベースになって新しい事業が生み出され、その新しい事業領域で得られた新たな知識が次の事業を生み出していくという、事業の多角化によるダイナミックな成長が同社の歴史には見られるのである。

富士フイルムは1934年に大日本セルロイド（現・ダイセル）の写真フィルム部が独立して設立された。同社は、操業当初から写真フィルムや映画フィルム、印画紙、X線フィルム、印刷フィルムなどを製造販売していた。これらの写真フィルム等は、基本的には類似の技術を共有している。通常のフィルムは、透明のフィルムというベース材料の上に可視光に反応する感光材料が塗布されているものである。ベースが透明のフィルムから紙に変更されたり、感光材料が可視光ではなく、X線に感応するものになったりといったバリエーションはあるものの、富士フイルムの設立当初の技術基盤はベースと感光材料と塗布というように、比較的共通性が高かったように思われる。

富士フイルムは第二次世界大戦を経た後、本業の写真フィルムで事業を伸ばしていく。感光材料を合成する技術はさらに進化し、白黒写真からカラー写真への進化、同じカラー写真でもさらなる高感度フィルムの開発、印画紙からインスタントフィルムへの展開など、次々と新しい製品を生み出して同社の好業績を牽引していった。さらに写真フィルムと補完関係にある事業へも同社は進出していく。例えば、カメラ事業には早くから取り組み、レンズと機械の設計技術を蓄積していった。また、写真を現像するためのラボ機器へも進出し、写真業界全体をカバーする製品群を取りそろえるようになった。

本業の写真業界以外への多角化も進んできた。特に1960年代からは、基本となるベースや塗布技術などを活用して急速に多角化が進んでいく。例えば、写真用のフィルムのベースにはトリアセチルセルロース（TAC《タック》）という素材が使われている。TACフィルムが写真用に使われたのは、平滑性や透明性に優れ、厚さ方向、長さ方向、どこをとっても屈折率が均一である（光学的異方性がない）という特徴があったからである。つまり、見る角度によって色が違って見えるというようなクセが少ないのである。そのため、TACフィルムはアニメ映画用のセル画を作製するために転用される。

その後、さらにTACフィルムは液晶ディスプレーの偏光板の保護膜として使われるようになった。これもTACフィルムの特徴が生かされたのである。写真用フィルムはもうほとんど使う人がいなくなったのだが、実は、われわれは写真用フィルムのベースを液晶ディスプレーの素材として今でも身近に使用しているのである。

塗布技術は磁気テープにも応用される。ベースとなるテープに磁性体を塗布し、記録用のテープが生み出される。かつては「アクシア」というブランドのカセットテープで富士フイルムは一世を風靡《ふうび》したこともある。その後、音楽録音用のカセットテープも消えていくのだが、富士フイルムの精密塗布技術を用いた磁気テープは今でも世の中で活躍している。ICT（情報通信技術）が発達し、コンピューターで扱うデータが増えれば増えるほど、そのバックアップの必要性が高まる。情報量が膨大なので、バックアップには高密度記録のできる磁気テープが最適である。その磁気テープの市場で、いまだに富士フイルムの製品が大きなシェアを保有しているのである。

多角化が進んでいくと、当初のベース・感光材料・塗布という技術的な知識以外の知識や市場ニーズに関する知識も獲得され、多様な事業への展開が見られていく。例えば、X線フィルムで作られた病院市場の知識が、その後、内視鏡への進出に生かされていく。あるいは通常のX線画像のデジタル化を可能にした機器（いわばX線のデジカメ）を開発し、さらにはその画像のデジタル・データを管理するシステムへと進出していく。これ以外にも、印刷機器や感圧・感熱紙など、多様な製品群へと富士フイルムの事業は多角化し、当初のベースと感光材料と塗布の技術がコアにあった同社の経営資源は、精密機械や光学設計、ソフトウエア、画像処理、機能性材料の合成など、多様な領域に広がっていった。

富士フイルムの多角化の歴史を振り返ってみると、製品や事業の背後には経営資源があること、また、その経営資源は特定の製品や事業を越えて展開できることがわかる。これは、戦略を考える上で極めて重要なポイントである。

「見えざる資産」に注目する

写真フィルムの開発・製造に必要な技術は、写真フィルム以外にも使える。目に見える製品（写真フィルム）の背後には、それを生み出すための目に見えない資源（多様な技術・知識）があり、その資源は他の領域へと応用することができる。つまり、企業を分析したり、実際に経営したりするときには、目に見える製品や事業の集合として企業を捉えるだけではなく、その背後で製品群・事業群を支えている知識や行動様式といった経営資源にも注目しなければならないのである。

このような技術やノウハウ、顧客に関する知識など、情報や知識として保有されている経営資源を、**「見えざる資産」**とか**「コンピタンス」**と呼ぶこともある。★1 この語を用いてポイントをもう一度言い直すなら、企業について考えるときには、目に見える製品・サービス群という表層と、目に見えない「見えざる資産」や「コンピタンス」という深層からなる二重構造を意識しなければならない、ということである。

ここでいう知識や情報のような経営資源（「見えざる資産」や「コンピタンス」）が重要なのは、それが人間の学習と創造によって蓄積され、多様な領域に応用可能だからである。人間が日々の事業活動を通じて学び、またその周辺領域で知的な探索活動を行うが故に、新しい「見えざる資産」が蓄積される。その「見えざる資産」が次の新しい事業を構想する際に重要な発想の基盤となる。

また「見えざる資産」が他社に模倣できないものであるならば、それを活用した事業は競争相手の数を制限できる。従って、厳しい価格競争に陥ることなく、高い利益性を達成できるのである。富士フイルムは、写真用カラーフィルム事業において、銀塩感光材料を合成する技術、またそれを大量生産する技術、画像を設計する技術など、他社がなかなか真似できない技術を活用してきた。かつてわれわれが使っていたカラーフィルムは、さまざまな機能を持つ化合物をミクロン単位でコントロールし、一つの幅広のフィルムベース上に20層を1回の塗布で形成するように製造されていた。感光材料の合成も、それを塗布する技術も、他社が模倣することの難しいものだった。

他社がまねできないほどに高度な知識や技術は、さらなる学習や創造の努力を通じて新しい事業に応用されることで、企業のダイナミックな多角化成長を促進することができる。また、そうした「見えざる資産」としての経営資源は、現状の事業活動から自然に生まれてく

★1—伊丹敬之『新・経営戦略の論理—見えざる資産のダイナミズム』日本経済新聞社、1984年、Hamel, Gary, and C.K. Prahalad（1996）*Competing for the Future*.Boston, MA: Harvard Business Review Press.を参照。

る。このように考えると、経営戦略と経営資源との間には、単に「リソースが足りているかどうか」というような単純な関係ばかりでなく、もう少し複雑な連関があることがわかるはずである。なぜなら、現在の経営戦略が、蓄積される経営資源を左右し、その経営資源が次の経営戦略を生み出す基盤となるという連鎖の関係があるからである。つまり、**事業戦略①→資源(a)→事業戦略②→資源(b)**というダイナミックなサイクルをいかにして形成するかという点に、短期の事業戦略を超えた長期のグランド・ストラテジーの本質がある。

3 「本業が消える」危機にいかに経営資源を使ったか

経営資源は、事業を大幅に転換する際にも非常に重要な基盤となる。このことも富士フイルムの歴史が鮮やかに教えてくれる。写真フィルム事業が急速に衰退期に入ったときに、富士フイルムは、事業の本質を支えている「見えざる資産」の再検討を行ったのである。

古森重隆（代表取締役社長・CEOを経て現・代表取締役会長・CEO）が富士フイルムの社長に就任したのは2000年のことであった。その年はちょうど写真フィルムの総需要がピークを迎えた年であり、以後、坂道を転げるように減少が進んでいく。当時、写真フィルムや印画紙などを扱う写真事業は、同社の売上高の60％近く、営業利益の3分の2を占めていた。

しかし、この写真事業の売上高が10年で10分の1以下にまで落ち込んでいく。この短期間に本業が消えていく事態を、古森は「トヨタ自動車にとって自動車が売れなくなったようなもの」と表現し、その強い危機意識を表現していた。

創業70年に当たる2004年、古森は中期経営計画「VISION75」で、企業改革への基本的な方針を打ち出した。そこには、「写真フィルム事業を縮小し、需要に見合った体制に移行する」「生産設備や販売組織、現像所などの再編を行う」「国内流通も特約店を通じた販売をやめ、直営に切り替える」など、衰退産業における基本定石に忠実な改革案が並んでいた。成熟後期あるいは衰退産業は需要が減少するので、それまでの生産能力がどうしても過剰になる。しかも日々刻々とその「過剰」が深刻化していく。これに対する対応は、需要量に合わせて生産・供給能力を削減していくこと、しかも既存企業間の無駄な競争を避けながら、それを進めることである。富士フイルムの「VISION75」はまさにそれを目指していた。

富士フイルムの取った手は定石通りなのだが、現実問題として、この衰退期の定石を実行に移すのは極めて難しい。生産能力を下げるには、現場の労働者を減らさないとならない。しかも、これまで長年協力し合ってきた現像所や特約店との関係を解消しなければならない。競争相手の動きを意識して、互いに無益な競争を避けながら、これらの手を打っていかないとならない。軍事戦略と同様に、ビジネスの世界でも、撤退戦は最も高度な技量を必要とするものなのである。

カラーフィルムと医薬品の共通点

もちろん、「ＶＩＳＩＯＮ75」には、このような衰退産業における生産・供給能力の削減という「後ろ向き」な構造改革と同時に、新たな成長戦略の構築も掲げられている。衰退産業における定石的な施策だけでは、縮小均衡へ向かうだけである。優秀な社員が多数勤務している多角化企業として、多くの社員が生き生きと活躍できる新しい事業を見つけ出し、できる限り雇用を維持して新たな成長へ向かうシナリオを同時に示すことが不可欠である。

写真フィルムからの事業転換の可

図 7-1 ★富士フイルムにおける技術の棚卸し〜四象限マトリックス

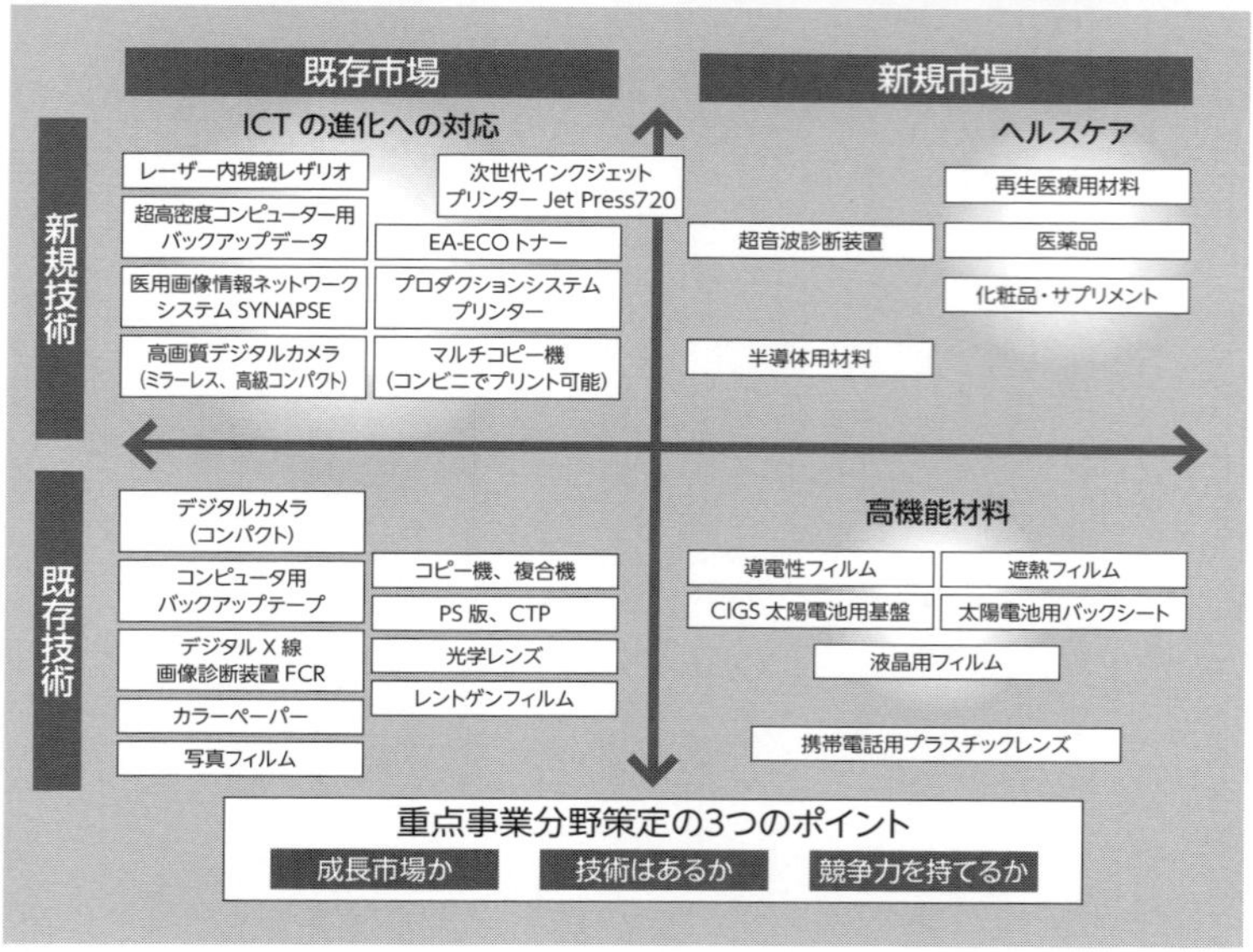

資料：富士フイルムホールディングス『イノベーションによる新たな価値の創造　富士フイルムの挑戦』2016 年

能性を考えるため、古森は社長就任後すぐに技術開発部門のトップらに命じ、社内にどのような技術があり、それがどのような市場に適用できるのかを調査させていた。

古森の指示によって富士フイルムの技術が分析され、図7-1（→p.190）のような四象限マトリックスが作成された。カラーフィルムで培ってきた技術の蓄積は深く、それ故に横展開できる可能性を多く秘めていることが判明した。表層の事業だけを見て経営しているだけでは、縮小再生産の罠にはまってしまう。まさに事業の背後にある「見えざる資産」まで深掘りすることで、次の成長機会のアイデアを得ることができるのである。

このとき、特に成長市場での展開が期待されたのは、医薬品や化粧品、再生医療用材料などの「ヘルスケア」、医療診断の画像情報ネットワークや次世代インクジェットプリンターなどの「ＩＣＴの進化への対応」、そして液晶用フィルムや導電性フィルムといった「高機能材料」の3分野であった。

そのうちの一つであるヘルスケア分野への進出を担う中心人物が、戸田雄三（現・取締役副社長・ＣＴＯ［チーフ・テクノロジー・オフィサー］）である。長年、写真フィルムの研究・生産に従事し、そのノウハウを知り尽くす戸田は、カラーフィルムと医薬品の間に多くの技術的関連性があることに、早い時期から気づいていたという。★2

例えば、カラーフィルムやプリントには光を感じて反応する物質以外に、発色剤、安定剤

★2―2016年9月に筆者が行った戸田雄三へのインタビューを基にしている。

など、さまざまな機能を持つ物質が塗布されている。それらが混ざらないように精密にポジショニングして、固定し、それらの物質を保護しているのがコラーゲンである。実は、写真プリントが長年の変化で色あせるのは、紫外線によって活性酸素が生じるからなのである。富士フイルムは写真プリントの色あせを防止するために、酸化を防止する技術（抗酸化技術）を蓄積してきた。

この「コラーゲン」は写真フィルムやプリントに使われているばかりでなく、人間の皮膚の主要成分でもある。人間の肌についても、紫外線の影響でコラーゲンが酸化すると、肌の弾力が失われて老化の原因となる。富士フイルムが写真プリントに関連して蓄積してきた技術には、人間の肌についても応用の利く知識が含まれていたのである。

優れた抗酸化作用のある物質に関する知識を持つ同社は、成分をナノ化して肌に浸透させる技術と組み合わせて、機能性化粧品の「アスタリフト」シリーズを2007年9月に発売した［図7-2（→p.193）］。この抗酸化作用を持つ物質を「ナノ化」する技術も、写真フィルムで培ったものである。写真用フィルムは非常に微小な物質をフィルム上の特定の層に配置しなければならない。その際に、個々の物質をナノ化し、コントロールする技術が必要だった。このナノ化技術を使うことで、他社が模倣困難なほど肌へ浸透する化粧品が開発できたのである。

肌への抗酸化作用と成分の浸透を打ち出したアスタリフトは、大きなインパクトを市場にもたらした。富士フイルムのもつ高度な技術力が背後にあるというストーリーが説得力をもったのである。主力製品であるジェリー状美容液「アスタリフト ジェリー アクアリスタ」は、発売から1年で100万個を売り上げ、その後も同社は新製品を次々と投入し、化粧品業界におけるブランドを確立しつつある。

「勝てるかどうか」の視点が大切

コラーゲンに関する知見と技術の応用先は化粧品にとどまらない。再生医療にも応用できる。買収した企業、技術に加え、独自開発した再生医療の細胞培養に必要な人工たんぱく質を活用し、富士フイルムは再生医療製品の開発を進めている。技術の本質まで深掘りし、それを表層的な事業とは切り離された経営資源として、自由な目で捉えることができれば、出発点の事業が衰退に直面しても、他の領域へ

図 7-2 ★「アスタリフト」シリーズ

資料：富士フイルム提供

の多様な事業展開が可能になる。富士フイルムの事例はその典型であろう。

企業を表層の事業と深層の経営資源という二重構造で捉える視点は、多様な事業展開の発想を可能にする。しかし、それと同時に、自社の深層の経営資源が他社のそれよりも優れているかどうかという視点に立つことにより、市場競争での優位性を判断していくことが必要である。この視点がなければ、多角化は可能になっても、利益はついてこない。

戸田も、次のように述べている。「技術系の会社はどうしても〝やれそう〟という視点から入る。これだけで挑戦すると大体失敗するので、きちんと戦略を持つには〝やるべき〟の視点を忘れないこと。市場のニーズを見て、勝てるかどうかを常に意識するのです」。

この**「勝てるかどうか」**という視点で見ると、富士フイルムの蓄積してきた技術の深さは世界有数のレベルにある。戸田はそのレベルの高さを次のように指摘する。「写真フィルム事業は収益性の高いビジネスだったにもかかわらず、世界の市場で活躍できたのは当社を含むわずか4社（富士フイルム、イーストマン・コダック、コニカ・ミノルタ、アグファ・ゲバルト）でした。それだけ、技術のハードルが高かったのです。写真フィルムはものすごく高度な構造を持っています。当社が作ったフィルムの成分を電子顕微鏡で見ると、正六角形の結晶が寸分たがわず同じ大きさ、同じ厚さで並んでいる。こんな微小空間で、繊細な構造を持つ分子をコントロールし、大量生産する技術を持つのですから、これが他の事業に使えないはずはありません」。

つまり、高いレベルの技術を活用できる領域があれば、他に模倣し追随できる企業は極めて少ない、という指摘である。

4　経営資源についての2つの視点

本章では、富士フイルムのケースを追いかけて、表層の製品・事業群と深層の経営資源という二重構造を持つものとして企業を読み解くことが重要だと強調してきた。同社は、設立から2000年ごろまでは経営資源の連鎖的な展開による多角化を、2000年以降は蓄積された経営資源を新しい領域に展開して、全く異なる事業ポートフォリオ[★3]の会社に生まれ変わってきた。その転換期の際の意思決定を取り上げて、目に見える製品群の背後にある経営資源という視点をもつことが経営戦略を考えるうえで決定的に重要だということを確認してきた。

経営資源についてでは、この二重構造の視点がわかれば入門編としては十分なのだが、せっかく経営資源について語ってきたので、ここでもう一つの議論を提示しておきたい。実は、ものの見方の微妙な違いに注目するところから、比較的大きな問題にたどり着くことがある、

★3——多角化戦略を取る企業が展開する、さまざまな事業の組み合わせのこと。

ということを理解するきっかけが「経営資源」ということばには潜んでいるのである。ここで本書が強調したいのは、まず、同じように「経営資源が大切だ」と言っている場合にも、その背後に2つの考え方が存在しているということである。その2つとは、Ⓐ**事業の多角化によるダイナミックな成長の源泉としての経営資源**という考え方と、Ⓑ**他社との差別化による高利益の源泉としての経営資源**という考え方の2つである。ここで注意したいのは、この2つの考え方は現実の場面で両立する場合もあるが、時には矛盾することもある、ということである。

Ⓑの差別化の源泉としての経営資源という考え方は、バーニー★4のフレームワークに代表的に表れている。バーニーは、経営戦略における経営資源の重要性を強調するリソース・ベースト・ビュー（→第1章）の代表的な論者である。彼によれば、他社との差別化によって超過利潤を生み出す経営資源は、次の4つの条件から判定できる。

①価値(Valuable)：顧客から評価される重要な価値を提供できるか
②希少性(Rare)：他にこの資源を保有している企業は少ないか
③模倣不可能性(Inimitable)：この資源を模倣することは難しいか
④組織(Organization)：この資源は組織によって裏打ちされているか

バーニーの理論は、この4つの条件の頭文字を取って、「VRIOフレームワーク」と呼ばれている。これらの条件を満たせば、その経営資源をベースにして超過利潤を得ることができる、というのである。

顧客からの高い評価に結びつき、それでいて他社にまねのできない技術やノウハウなどの経営資源が、多様な他事業にも応用可能である場合、その経営資源は他社との差別化だけでなく、自社の多角化成長にも資する。先ほどの富士フイルムの事例の、特に前半部で見た経営資源の連鎖的な展開による多角化は、このことの好例であろう。

「見えざる資産」としての経営資源の本質部分は、人間の学習と創造によって蓄積された知識や行動様式である。自社組織の中で独自に培ったそうした資源は、当然他社には容易に模倣されないため、これを活用する事業は高利益性を見込める。また、そればかりか、企業はこの資源を展開して事業を多角化し、ダイナミックな多角化成長を達成することも可能である。こうしてみると、他社に模倣されない経営資源を持つことは、企業にとって良いことずくめであるように思われる。

しかし、ここで注意しなければならないのは、外部の企業にとって模倣しにくい知識は、社内の人にも伝えにくい知識である、という点である。組織メンバーが苦労して学習・創造

★4―ジェイ・B・バーニー（1945年〜）。アメリカの経営学者。専門は、経営戦略論、社会企業家論。

してきた「見えざる資産」は、簡単に体系化して人に伝えることができない**「暗黙知」**に近い部分を持つ。また実際、そのような暗黙知に近い部分を持つ資源ほど他社の模倣を許さない差別化のベースになる。苦労して学習・創造したとしても、それが誰にでも理解できるように体系的な「明示知」になっていれば、特許等で守られていない限り、いずれ他社にも利用可能な知識になる可能性が高い。例えば、われわれの知っている科学の知識は、「苦労して学習・創造」した結果として蓄積されたものではあるが、誰でも勉強すれば入手できる公共財である。また、その暗黙知を個人が担っているというだけでなく、それが集団のチームワークの中に組み込まれているということも重要である。なぜなら、たとえ蓄積されたものが暗黙知だったとしても、それを個人が保有しているだけであれば、その個人をリクルートすれば他社の追随が可能になるからである。

高い利益性と多角化は両立できない

このように考えると、経営資源は、**①暗黙知に近く**、しかも、**②その暗黙知が複数の人々のチームワークの中に組み込まれている**ほど、他社との差別化のベースとして強固なものになりやすい、ということがわかるはずである。しかし、このような知識は、たとえ社内であろうとも、他部門に伝えることは難しい。チームに埋め込まれているから、同時的に多重利用することも容易ではない。他社に模倣されない知識とは、それだけ自社内でも共有しづらく、また応用・展開の難しいものなのである。

従って、Ⓐのダイナミックな多角化成長の源泉となる経営資源は、少なくとも社内的には明示知化され、同僚に教えることが容易な知識に近いはずである。社内的に移転が容易な知識ならば、他社の模倣をいつまでも排除することはできない。もちろん他社の模倣をある程度遅らせることは可能だが、長期にわたる持続的優位性を確立することは困難である。

ダイナミックな多角化成長を可能にする知識と、他社との差別化を可能にする知識とでは、若干その性質が異なるのである。前者（ダイナミックな多角化の源泉としての経営資源）は、自社内で他事業への応用を考えるためにも、ある程度の模倣可能性を前提としなければならない。だが後者（差別化の源泉としての経営資源）はむしろ、他社にとっても、また自社内においてさえも、とにかく模倣が困難なもののはずである。

つまり、Ⓐの多角化による成長を優先すると、Ⓑの差別化による利益性は低下し、逆にⒷの利益性を重視するならばⒶの多角化成長は抑制されねばならない。両立する局面もあるが、両者にはトレードオフの関係がみられる場合もある、ということである。少なくとも、利益率を維持しながらの多角化は、チームワークに組み込まれた暗黙知の再生産速度に規定されることになるから、非常にスピードの遅いものになるはずである。

既存の知識の有効利用と新しい知識の獲得、という観点でも両者は異なっている。Ⓐのダイナミックな多角化成長を重視する視点に基づくなら、既存の知識よりも、成長の過程で学習される新しい知識が強調される。その新しい知識から次の成長がもたらされるからである。これに対して、Ⓑの差別化の源泉としての経営資源を重視する立場は、既存の知識を有効利用して高い利益性を達成することを強調する。学習する機会を重視する経営資源観と、既存の知識の有効活用を重視する経営資源観という、2つの異質な視点が隠されているのである。

株主の圧力にどう対応するか

この違いはもう少し大きな視点で見ると、株主重視か従業員重視かという資本主義の特徴とも関連している。例えば今、Ⓑの差別化による超過利潤の源泉としての経営資源を強調して考えてみることにしよう。この経営資源は簡単に複製できず、多重利用も難しいから、多角化していくと資源の使いすぎや無理な応用が増えてきて、少なくとも短中期的に見

図 7-3 ★本業からの距離と利益率

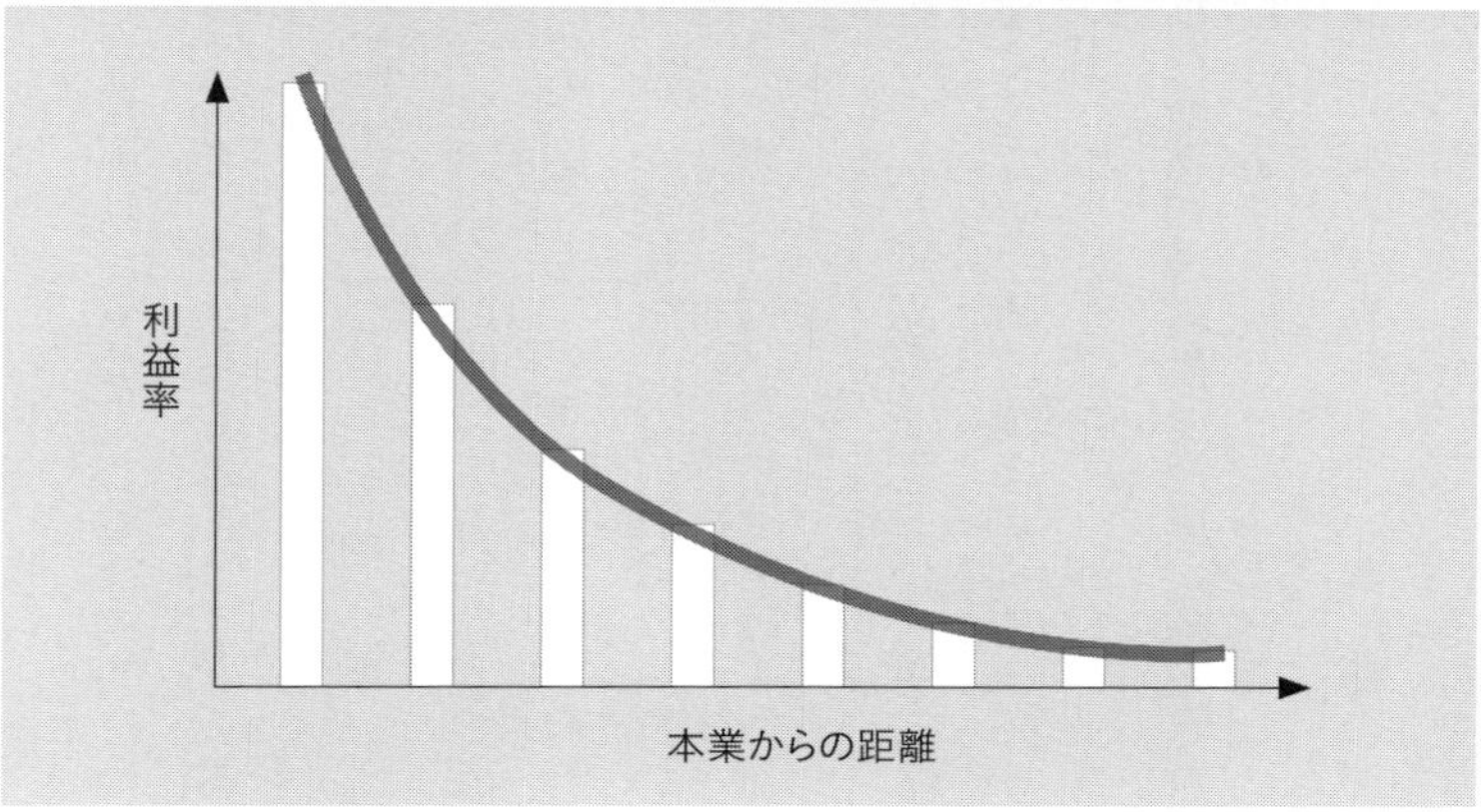

れば、新しい事業の利益性が損なわれる。図7-3（→p.200）に見られるように、本業からの距離が遠くなるほど、利益率が下がるのである。

このような多角化を推進している大企業に対して、株式市場はどのように反応するだろうか。企業が勝手に利益率の下がるような事業に多角化することは好ましくない、と株主（機関投資家等）は考えるだろう。従業員を重視して、自社の存続と発展を願う企業の立場からすれば、どこかの事業が衰退しても、他の事業で生き残ることができるように多数の事業を手がけ、いざというときに新しい事業をスタートできるように、多様な経営資源を社内に保有しておきたい、と考えるであろう。しかし、株主から見たら、そのような事業と資源のポートフォリオは株主が株式市場で組めばよいのであって、個々の企業がやるべきことではない。個々の企業は、他社が模倣できない経営資源をもとに、狭い範囲の事業に集中するべきである、というのが株主の考え方になる。株主にとっては、**「選択と集中」による利益性の確保**（あるいは長期にわたる高い利益成長）こそが望ましい方向なのである。

株式市場の圧力どおりに行動するなら、多くの企業は選択と集中を進めて狭い事業領域を持つ専業企業に向かうことになる。「異なる事業や経営資源間の相乗効果というのも無視できないのではないか。同一企業内でこそシナジーを追求できるのではないのか」という疑問も生まれてくるだろう。しかし、この立場に立つなら、普段は「選択と集中」によって狭い事業範囲に注力し、本当にシナジーがありそうなときには、M&Aで新しい事業を取り込み、複数の事業間のシナジーから新しい価値を生み出せばよい、と考えるであろう。しかも、実際には期待されたほどのシナジーが実現されないことも多いのだから、何も無理に大きなリスクを取ってM&Aや独自の新規投資などせずに、他社との戦略的アライアンスや、共同研究開発などの**オープン・イノベーション**★5などに取り組めばよいと考えるのである。

Ⓑの差別化・超過利潤の源泉としての経営資源という考え方を突き詰めると、**「選択と集中」**と**「オープン・イノベーション」「M&A」**という企業経営の基本的な方向が示唆される。

これに対して、Ⓐのダイナミックな成長の源泉としての経営資源という考え方によれば、多少利益を犠牲にしてでも新規事業開発を通じて学習を積み重ね、社内の信頼関係を基盤として多様な知識を共有し、何らかの応用先が見つかるまで経営資源を温存しておく、という考え方が基本になる。新しい知識の学習機会を積極的に取り込み、より高度な知識を生み出すことに挑戦することが強調され、即座に活用されないスラック資源★6としての見えざる資産が社内に蓄積される。また、その経営資源を結びつけるシナジーを生み出せるように、社内の優秀な人材が交流する機会を創り出すことが重視される。ただし、その半面、社内調整に手間がかかる組織が出来上がり、無駄な資源投入も続くので、本来達成できる利益率よりも低い水準にとどまるという問題に直面することになる。

同じように「経営資源が大切」と言っても、経営資源の捉え方次第で、実際には大きく異なる経営スタイルが出現する。

「経営資源」の戦略論が持つ深さ

ここまでの議論に基づいて、もう一度、本章で紹介してきた富士フイルムのケースを振り返ってみると、同社の経営には、Ⓑの「超過利潤の源泉としての経営資源」という考え方と、Ⓐの「ダイナミックな多角化成長の源泉としての経営資源」という考え方の両方を見ることができる。高い利益率を誇った写真フィルム事業の説明では、Ⓑの「超過利潤の源泉としての経営資源」という考え方が示され、一方で、戦後の成長と2000年以後の事業転換に際しては、Ⓐの「多角化成長の源泉としての経営資源」という考え方に基づいた経営を見て取ることができた。ここで特に注目したいのは、「多角化成長の源泉としての資源」という見方が同社の事業転換を支えていた、という点である。同社がフィルム事業の急激な衰退という環境に対応できたのは、写真フィルム事業に関連して多様な「見えざる資産」を蓄積していたばかりでなく、ややもすれば「無駄」なものに見えるような経営資源を豊富に、あるいは

★5—他社や大学、地方自治体、社会起業家などが持つ技術やアイデア、サービスなどを組み合わせ、革新的なビジネス・モデルや革新的な研究成果、製品開発、サービス開発につなげるイノベーションの方法論。
★6—スラック（Slack）とは「ゆるみ」や「たるみ」の意味。ここでは、企業組織の余剰資源のことをいう。

は過剰に抱えていたからだと考えることができる。実は写真フィルム事業についても、それ以外についても、短期の利益率を高める上では貢献しない水準の技術的エクセレンスを追求し、見方によっては過剰なほどに技術の深掘りをしていたのである。しかも、富士フイルムはこれまで徹底して、利益性をある程度落としながらも、やや広めの事業へと多角化して、その過程で即座には活用しない多様な技術やマーケティング・ノウハウなども蓄積してきた。こういった「過剰」な経営資源が、危機の際に新しい解釈を経て、事業転換を可能にする基盤となったのである。さらにもう一歩考えを進めるならば、富士フイルムがそのような経営を行うことができたのは、その背後に、従業員を重視する日本という産業社会の土壌があったのかもしれない、という示唆が得られる。

一見何の変哲もなく、矛盾も問題もなさそうに見える「経営資源」という戦略論の概念も、よくよく考えていくと、複雑な経営問題を読み解き、金融市場や労働市場など、社会全体を考えていく上で貴重な鍵概念（キーコンセプト）になり得る。本章で示したケースを読み解きながら、深く考えていくことができれば、経営戦略論は社会について思考を展開する優れた入り口になるのである。

第7章

Chapter

point

- 企業について考えるときには、目に見える製品・サービス群という表層と、目に見えない「見えざる資産」や「コンピタンス」という深層からなる二重構造を意識しなければならない
- 経営資源がベースになって新しい事業が生み出され、その新しい事業領域で得られた新たな知識が次の事業を生み出していく
- 利益の基盤としての経営資源という考え方と成長の源泉としての経営資源という考え方の2つの考え方がある

業界の構造変化を見通し、勝ち残る

第8章
Chapter

キーワード

物流
商流
C to C
B to C
バリュー・ネットワーキング構想

業界の構造変化にはどのように対処すべきなのだろうか。本章では「ヤマトホールディングス」と「アマゾン」との攻防を取り上げる。ネット通販の市場が急成長する中で、業界の新規・既存それぞれのプレーヤーはどう戦おうとしているのだろうか。この追い風を受けて、誰が利益を手にしようとしているのだろうか。

ケース 10

ヤマトホールディングスの事例

ネット通販時代に「オンリーワン」でいられるか

1971 年、父親の跡を継いで
「大和運輸」という運輸会社の社長となった小倉昌男は、
その5年後に宅配便ビジネスをスタートさせ、
民間企業として初めて、個人間の宅配便サービスをビジネスとして成功させた。
ネット通販が普及し、業界の構造が大きく変化している中で、
ヤマトホールディングスはどのような戦略を取っているのだろうか。

1 ネット通販の市場はどこまで広がるのか

本章で注目するのは、「物流」の世界である。物流業というのは、ヤマト運輸の「宅急便」などを除くと、それほど消費者になじみのある業界ではないかもしれない。しかし今、多くの人がネット通販を利用している。アマゾンで本を買うばかりでなく、電化製品やペットボトル入りの飲料水を買う人も増えてきている。しかし、アマゾンはメーカーと消費者をつなぐ小売業者であり、直接モノを届けているわけではない。

アマゾンは**商流**を担っているが、物流のすべてを自前で行っているわけではない。商流とは、メーカーが作った商品を最終的に消費者の所有物にするという、モノの所有者が変わる商売の流れのことである。キンドルのような電子データでなく、物理的なモノがあるのであれば、アマゾンは商品をそのまま顧客に届けることはできない。所有権の移転とは別に、物理的なモノの移動が必要である。これを物流という。ネット通販が発達するということは、商流が変わるだけでなく、それに伴って多様な物流が発達するということも意味している。

物心がついたときからスマホを使い、ネットで買い物をしてきたデジタルネイティブが人口のすべてを占め、すべての人が本をキンドルで読むようになるのでない限り、モノとしての本が無くなることはなく、そのモノを顧客に届けなければならない。また、最近話題の3D《スリーディー》プリンターのように、電子データを伝送するだけで、物理的なモノを顧客の家で作れるようになるのでない限り、モノを顧客に送り届ける作業はなくならない。どれほど商流がウェブ経由になっても、モノの流れが即座になくなることはない。いやむしろ、これまでは小売店で購入後に顧客が持ち帰っていたものが、各家庭への個別配送に変化しているので、少なくとも宅配便での物流需要は着実に伸びてきている。

ネットやウェブ、サイバー空間、クラウド、などなどの言葉が並ぶと、われわれはハイテクで人の力を不要とする革命のように感じているかもしれない。実際、クラウド上のデータ蓄積と人工知能（Artificial Intelligence: AI）の組み合わせによって、ホワイトカラーの判断業務の多くが人の手を借り

図 8-1 ★日本の B to C 電子商取引の市場規模の推移

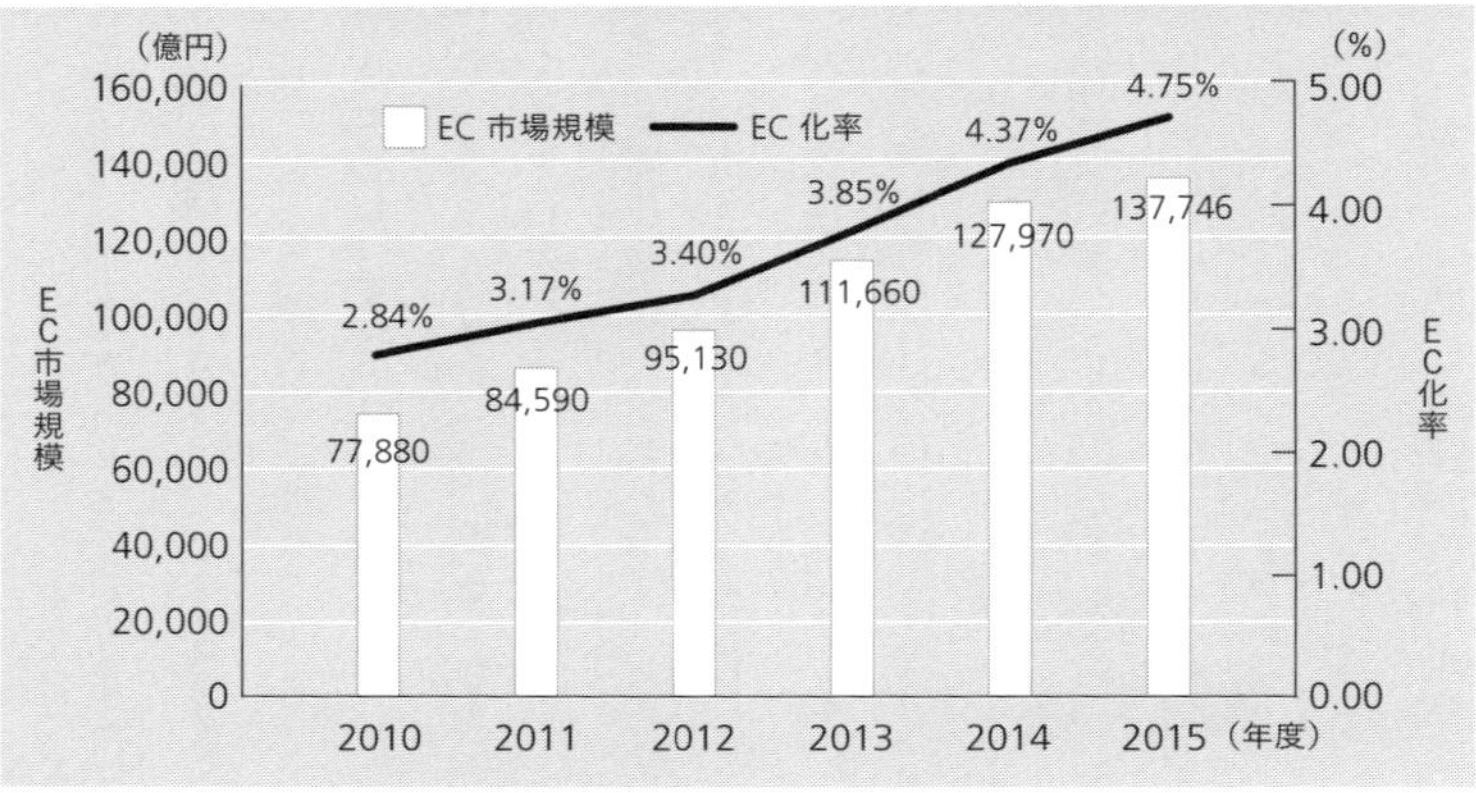

資料：経済産業省「電子商取引に関する市場調査」2015 年度版より作成

ずに処理できるようになると指摘されている。

　しかし、同時に消費者が最終的にモノを消費する限り、また、あらゆるモノを作ることのできる3Dプリンターが登場しない限り、モノを届ける仕事はなくならない。そう考えるなら、ネット通販が急成長している現在は、同時に物流業にとっても成長期である。

　実際のところ、日本国内で見ると、アマゾンのような電子商取引の市場規模は、［図8-1（→p.211）］に見られるように、2010年度に約7兆7880億円だったものが2015年度には約13兆7746億円にまで急増している。★1 インフレ・デフレを考えなければ、5年で約1・77倍、**複利計算の平均成長率（CAGR）**★2 で12%の成長である。

　ネット通販の市場が急成長する中で、現在、業界の新規・既存それぞれのプレーヤーはどう戦おうとしているのか。このネット通販の成長という追い風を受けて、誰が利益を手にするのか。成長産業にいれば、すべてのプレーヤーが一律に利益を得られるわけではない。ある企業は多くの利益を獲得するが、他の企業はそれほどもうからないということがある。果たして、ネット通販の急成長は、宅配便の企業にも大きな利益をもたらすのだろうか。この問題を、**CtoC**《シーツーシー》★3 から事業をスタートさせ、現在宅配便シェアで国内最大手のヤマト運輸を傘下に持つヤマトホールディングスと、ネット通販大手のアマゾンジャパン（以下、アマゾン）の攻防に焦点を当てて考えていくことにしたい。

　特に本章で注目したいのは、同一業界内の企業間競争と、それに乗じて買い手と売り手の間でなされる**利益の奪い合い**である。ブランド間の競争だけではなく、買い手と売り手のせめぎ合いも視野に入れるために、少し業界構造全体を俯瞰《ふかん》する視野を持って問題を捉えていくことにしよう。

2 需要の変化

業界構造に注目するとは言っても、初めに注目しなければならないのは、なんと言ってもまず**最終市場**である。戦略の問題を考える際に、最も重要なのは需要の変化であり、「マーケットがどう動いているか」に常に注目していなくてはならない。

すでに図８-１で見たように、ネット通販の市場は急拡大している。**BtoC**《ビートゥシー》★4の市場全体に占める比率で言えば、まだ大きくはないが、それでも２０１０年度に２・８４％だったものが

★1—経済産業省「平成27年度我が国経済社会の情報化・サービス化に係る基盤整備（電子商取引に関する市場調査）」調査結果要旨より。

★2—「Compound Annual Growth Rate」の略。複数年にわたる成長率から、1年当たりの幾何平均を求めたもの。

★3—Consumer-to-Consumerの略。消費者と消費者との間でなされる取引のこと。C2Cとも書かれる。

2015年度には4・75%にまで急増している。この比率が急増しているというのは、次のいずれか、あるいは両方の可能性を示唆している。

①新規顧客の増加：これまでネット通販を使わなかった顧客層が使い始めた

②既存顧客の購入額の増加：すでにネットで買い物をしてきた顧客が、これまではネットで買わなかったモノまで、ネットで買うようになった

実際のデータを見ると、後者の比重の方が大きいように思われる。なぜなら、インターネットの普及はすでに2005年末に70%を超えるほど高かったからである。その後、2013年末までに10ポイント以上増加し、83%程度にまで達するが、いずれにせよ、すでにかなり高いレベルで推移している。[★5] 新たに顧客はネット通販市場に入ってきているが、それほど大きな変化が見られるわけではない。

これに対して、カテゴリー別のネット販売の比率を見ると、大きく変わってきているものがある。例えば、衣料・アクセサリー等は、2010年度の時点では**ネット販売の比率**（EC化率という）[★6]が0・88%だったものが、2014年度には8・11%にまで増加している。かつて衣料等は小売店で見てから買うという購買方法が一般的だったのが、ネット販売の利用も徐々に増えてきたのである。[★7]

人々は最初、書籍やCD、電化製品など、「どこで買っても規格が変わらないもの」をネット通販で買っていた。慣れてくると、徐々に衣料品や生鮮食品など、サイズや品質にばらつきがあるものを試すようになる。「オイシックス」や「ゾゾタウン」といったECサイトのサービスが充実してきたこともあり、働き盛りの30代、40代にこれらのネット通販が定着してきたのが、現段階である。対面での説明が購入を後押しする生命保険などの金融商品は、まだネット通販で買うという行動が定着していない。しかしこのような商品のネットでの購買も、デジタルネイティブといわれる若い世代が購買力を持つ将来にはもっと広まるかもしれない。

CtoCで古着などを売買するフリーマーケットの電子版「メルカリ」が急速に普及するなど、ネット通販では新しいサービスが次々と登場している。今後まだまだネット通販を人々が利用する範囲・使い方は変化していくだろう。その変化に応じて、物流業界のプレーヤーの〝戦い方〟が決まってくるはずである。

★4—Business-to-Consumerの略。企業と消費者との間でなされる取引のこと。B2Cとも書かれる。なお、BtoBはBusiness-to-Business、つまり企業間での取引のこと。B2Bという書き方をすることもある。

★5—総務省「通信利用動向調査」より。

★6—Electronic Commerceの略。電子商取引。インターネットやコンピューターでの電子的な情報通信によって商品やサービスを売買したり分配したりすること。

★7—経済産業省『電子商取引に関する市場調査』より。

3 各プレーヤーのポジションを整理する

消費者が徐々に買い物のカテゴリーを広げてきているが故に市場規模が拡大している、という状況を押さえた上で、物流業者とアマゾンの現状を整理しよう。

【ヤマトホールディングスのポジション】

ヤマト運輸は国内に約６０００のセンターと71のベースを置いている。この多数のセンターとベースを使って、Ｃ to Ｃの市場からスタートし、その後Ｂ to Ｃ、Ｂ to Ｂの市場にも拡大してきた。さらに、ヤマトホールディングスは２０１３年に稼働した羽田クロノゲートに、沖縄国際物流ハブ、厚木ゲートウェイに加えて、中部、関西の各ゲートウェイを連携することで物流の更なるスピードアップと高品質、ローコストを実現する**「バリュー・ネットワーキング構想」**★8を打ち出している［図８‐２（→p.217）］。その一つにゲートウェイ構想がある。

ヤマト運輸はこれまで約４０００の集配拠点から最寄りの70のベースに荷物を集約し、夜間にベース間の輸送をしてきた。それを、ある程度積み荷が集まった時点でゲートウェイ間を日中から五月雨式に輸送を行うことで、夜間まで荷物を滞留させせることがなくなり、スピード輸送が可能になる。また、ゲートウェイでは荷物の仕分けなどが自動化され、24時間365日稼働しているので、生産性も向上する。荷物が輸送されるのを待つ時間、休憩時間といった「仕事が止まる時間」など、極力ムダな時間を省き、荷物を常に動かし続けることが可能になる。もともとヤマト運輸は従業員約16万人を抱え、自前の拠点を数多く作ってきたので、個別配送の品質で優位性を築き上げてきた。それをますます強化しようというのである。

【佐川急便のポジション】

一方、準大手の佐川急便は770の集荷拠点と従業員約8万人で組織されている。ヤマト運輸に比べて圧倒的に拠点も

図 8-2 ★ヤマトホールディングスが描く「バリュー・ネットワーキング構想」

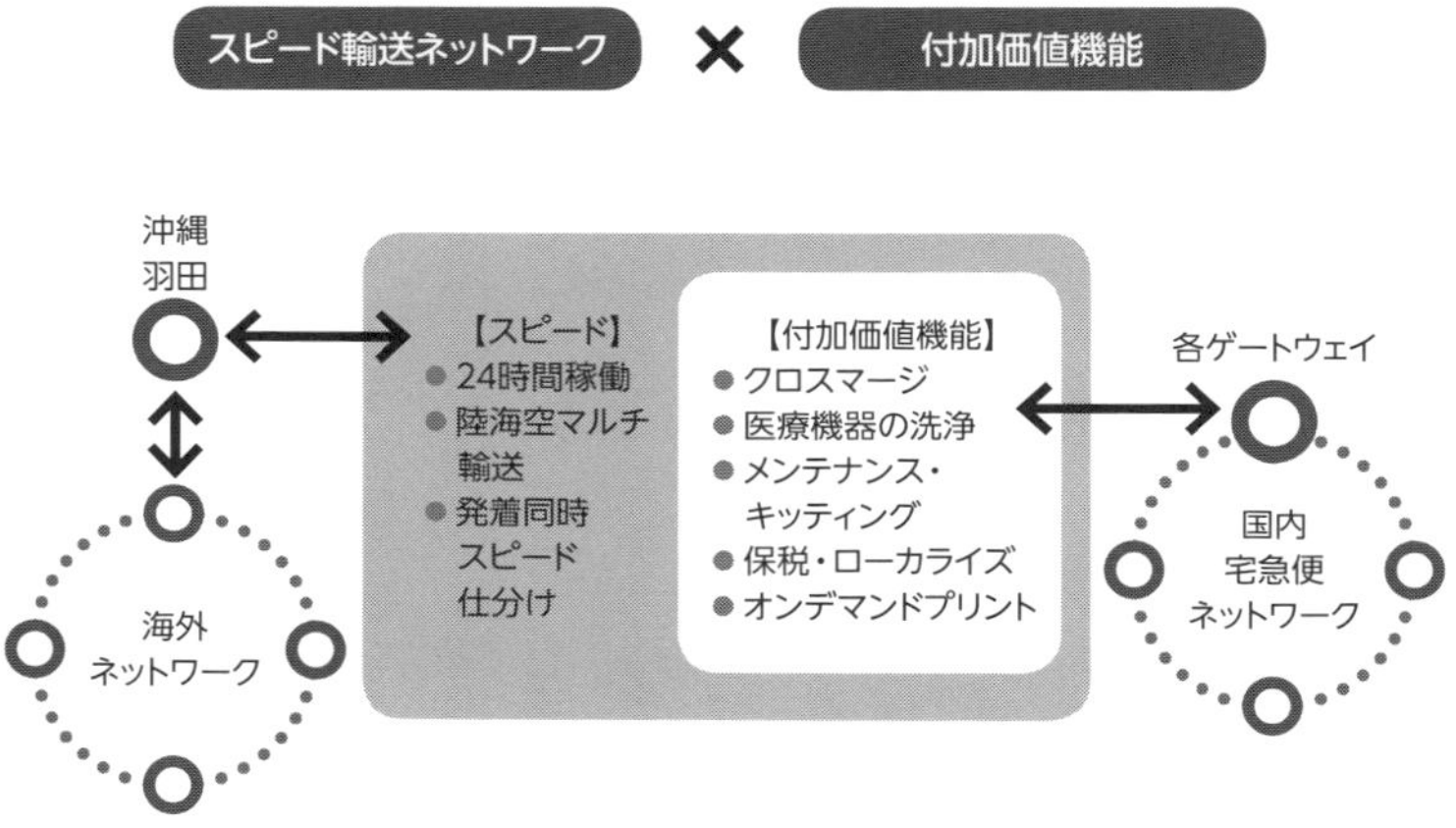

資料：ヤマトホールディングス提供

人員も少ない。ヤマト運輸がＣ to Ｃから開始してきたプロセスで多数のベースとセンターを構築してきたのとは対照的に、ヤマト運輸よりも後にＢ to Ｃの市場向けに体制を整えてきた佐川急便は、より低コストで配送できるインフラを構築した。

もう少し事情を説明しておこう。ヤマト運輸の創造したＣ to Ｃの市場では、例えば静岡県のお母さんが東京で下宿をしている息子に荷物を届けるためのインフラが必要である。どこから出てくるかわからない発送荷物を集めるために多数の取扱店を勧誘し、集荷のために多数のセンターを必要とした。そのセンターに集めた荷物をベースに送り、他の地域のベースへと荷物を運び、さらに送り先に近いセンターへと荷物を運んだ上で、息子の下宿へと荷物が配送されるようにできている。消費者の送る荷物がどこから来るかがわからないから、ヤマト運輸は非常に広範囲をカバーしなければならなかった。だから、センターの数が非常に多いのである。

しかし、企業が消費者にモノを売る通信販売やネット通販（Ｂ to Ｃ）の場合には、発送荷物の出所は「どこかわからない」というほど広くはない。あらかじめ契約してある企業から送り出されるのだから、荷物の出発地は比較的明確である。それ故、Ｂ to Ｃの市場を狙うのであれば、ヤマト運輸ほど多くのセンターを用意しなくても、低コストのインフラで対応できる。こうして佐川急便は７７０程度の配送センターで荷物を集荷・配送できるインフラを作り、高いコスト競争力を持つようになったのである。

しかし、ネット通販が普及し、しかも受取人が日中は働いていて不在である、という状況が増えてくると、佐川急便のインフラは問題に直面するようになる。在宅の人に対して荷物を届けるのであれば非常に効率的なのだが、不在者が増えて再配達になると、少ないセンターと不在者の家庭まで、長い距離を行ったり来たりしなくてはならず、時間とコストがかかってしまう。不在による再配達という状況が佐川急便の構築したインフラにとっては極めて高コストなのである。そのため、佐川急便は「部品メーカーからメーカーへの物流」「メーカーからネット小売りへの物流」といったＢ toＢへとビジネスの重心をシフトしようとしている。

【アマゾンのポジション】

アマゾンはＢ toＣの電子商取引を仲介しているが、物流の一部を自前で持っている。もともと「物流」というのは、輸送ばかりでなく、保管や、倉庫内での荷物の積み下ろし、包装や流通加工、物流関連の情報処理など多様な機能を担っている。その中でも、倉庫における仕分け等（補完と荷役）と情報処理は実は非常に重要な部分である。この部分を物流業者では

★８―２０１３年、ヤマトグループが新たな物流拠点の稼働を契機として発表した「物流の改革」のための構想。「物流を『バリュー（付加価値）を生み出す手段』に進化させ、顧客の業種・事業規模を問わない『物流の改革』を実現する」ことを目指す。

なく、荷主のアマゾンが担うことで、アマゾンは取引相手を輸送業務だけに特化させることができる。実際、アマゾンは各地域に置かれた倉庫のある物流センターに多額の投資をして、自ら物流の重要な部分を内部化している。

このアマゾンの行動によって同社と取引する物流業者は、①「メーカーからアマゾンの物流センター」（B to B）と、②「アマゾンの物流センターから顧客」（B to C）という2段階のどちらかあるいは両方を担当することになる［図8-3］。この2つに分割する、という点にアマゾンの倉庫投資の重要なポイントがある。

いかに相手を取り換え可能な存在にするか

ヤマトグループの強みをもう一度考えてほしい。すでに述べたように、ヤマト運輸をはじめとしたヤマトグループは、本来、多くの拠点を自ら持って

図8-3★アマゾンの物流の流れ

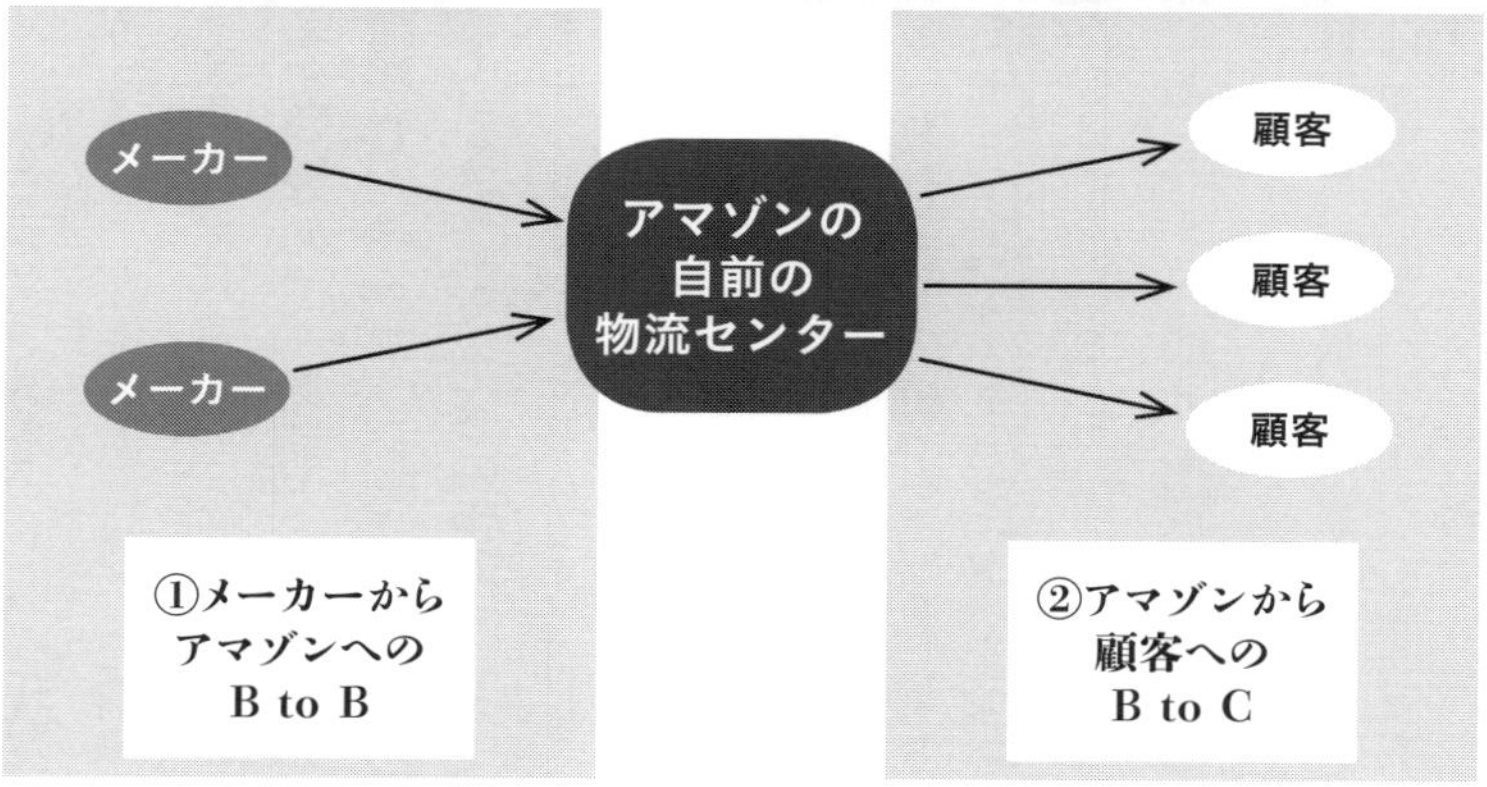

C to Cのビジネスを行うことを得意としてきた。さらにC to Cに対応するが故に、輸送と保管、荷役、情報処理など、物流機能のフルセットを自社内に保有し、そのフルセットの効率性・有効性という点で他に比類のない強みのある物流企業を構築してきたのである。ヤマトグループはこのフルセットの有効性では、**「取り換えの利かない会社」**である。しかし、アマゾンが独自の物流拠点を構築すると、ヤマトグループの強みが相対的に薄くなってしまう。①メーカーから各地のアマゾンの物流センターまで、また、②各地のアマゾンの物流センターから地域の家庭まで、という分断された輸送業務であれば、地場で小回りが利く中堅・中小の物流業者であっても対応可能だからである。もちろんメーカーからアマゾンまでの輸送は比較的取り換えが容易でも、アマゾンから個別家庭への最後の配送品質という点では、徹底的な教育を受けたヤマト運輸のセールス・ドライバーの評価は高く、それが「取り換えの利かない」特徴を創り出してはいる。しかし、ヤマト運輸の強みはあくまでも全国津々浦々へのきめ細かくスピーディな一貫した物流にある。アマゾンの投資は、このヤマトグループの「取り換えの利かない」という特徴を「取り換えの利く」ものに近づけてしまうのである。

実際に「取り換えたか」どうかが重要なのではない。「取り換えよう」と思えば、そうできる、という潜在的な状況が重要なのである。ヤマトグループが「取り換えの利く」業者になれば、アマゾン側としては物流業者の選択肢を数多く持つことになり、価格交渉で相手に対して強く値引きを要求することが可能になる。このように、**「相手を取り換え可能な存在にする」**ことは、ビジネスで優位に立つための基本的な方法である。アマゾンは多額のコストをかけて物流センターを自前で持つことによって、ヤマトグループに代表される物流業者を「取り換え可能な存在」にし、交渉上の優位性を保つことができるのである。

こうなると、ネット通販の需要が増えたからといって、ヤマトグループがもうかるとは限らなくなる。利益のほとんどをアマゾンが獲得し、ヤマトグループには多くの利益が残らない、という取引関係が構築されていく可能性があるからである。

4 「アマゾンか、グーグルか」でヤマトグループの将来も変わる

ヤマトグループがゲートウェイを新設し、荷物の流れを絶やさないことで高速の配送を実現することにはどのようなメリットがあるのだろうか。実はこの施策は、アマゾンにとってはヤマトグループを選ぶ決定的なメリットにはならない。特に、図8-3の②（「アマゾンの物流センターから顧客」）では、ヤマトグループのこの強みを生かせない。①（「メーカーからアマゾンの物流センター」）の範囲であれば、スピードを高めることで多少差別化できるという程度ではないだろうか。

ヤマトグループがゲートウェイを使ってスピード輸送・配送を達成することで最も恩恵を受けるのは、アマゾンのような巨大なネット通販業者ではなく、B to Cの物流インフラを必要とする中小規模の業者やC to Cの結びつけを行う業者である。

例えば、小規模だが質の高いものづくりをしている生産者や加工業者が、その良さを知った消費者に直接製品を届けようとしているケースがそれに当てはまる。ネット上の情報を探索して消費者がその業者のホームページを見て注文する、というような場合である。また、メルカリのように個人がネットのサービスを仲介してモノをやり取りするケースも該当するだろう。これらの場合には、アマゾンのように巨大な物流施設を自ら投資するということは起こらない。これらのC to Cのインフラを必要とするサービスでは、早く確実に届けるヤマト運輸のサービスが他には代えられない強みを発揮し、顧客から選ばれることになる。

ヤマトのポジションを左右する2つのシナリオ

このように見ていくと、ヤマトグループが業界でどのようなポジションを獲得していくかは、ネット通販のマーケットで人々がどのような行動を取るかにかかっていることがわかる。

まず、シナリオ1として「アマゾンのようなポータルサイトが巨大化し、あらゆるモノを販売するようになる。人々はネット通販を利用するとき、まずアマゾンにアクセスする」という可能性がある。そうなるとアマゾンの力が強くなり、ヤマト運輸への値引き圧力が強くなるだろう。実際、アマゾンは誰でもアマゾンに出品できる「マーケットプレイス」というサービスを導入して品揃えを拡充し、それら出品者の商品をアマゾンの物流センターから出荷する「フルフィルメント・バイ・アマゾン」というサービスも導入して、あらゆるモノを早く顧客に提供するインフラを整えてきている。「なんでもアマゾンから」が顧客の行動となった場合、アマゾンが「取り換えの利かない」業者となり、ヤマト運輸は「取り換えの利く」業者となる。こうなると、ヤマト運輸は厳しい低コスト化の圧力にさらされることになるだろう。

逆に、シナリオ2として、商品や販売業者の探索がアマゾンを経由することなく、「グーグル等で検索して、欲しいモノを提供してくれる専門店を探し、ホームページなどから直接購入する」行動が消費者の間で一般的になる場合はどうだろうか。これはヤマトグループにとって好ましい未来である。ネットワーキング構想のメリットを生かせる顧客が増えて、ヤマトグループが「取り換え不可能」な業者になれる機会が増えるだろう。

インターネットの時代は、**ロングテール**[★9]の時代である。一つ一つを見れば決して大量に売れることのない商品でも、それらを種類豊富に取り扱うことで、事業者は新たな販売機会を得ることができる。実際、アマゾンの販売手法はこのロングテールのモデルに合致している。

しかし、そのアマゾンとて、ありとあらゆる商品を網羅しているわけではない。インターネットの世界は広い。アマゾンの外側には、さらにニッチな、しかし一定の顧客にとって魅力ある商品を売る小規模な事業者が多く見つかるだろう。そうした事業者が広い商圏を相手にして、独自の商品を全国津々浦々、場合によってはアジア全域、さらにはグローバルに提供していくことで成長していくことも可能であろう（後者を越境ECという）。このようなビジネスが、国内・アジア地域内・グローバルに活発化すれば、広い地域に分散する小規模事業者から個々の消費者へモノを運ぶべくC to Cに近い配送インフラが不可欠な要素となるので、その配送を徹底的に高速化できる企業が「取り換えの利かない」業者となり、ネット通販の需要拡大にあやかって巨大な利益を手にするかもしれない。

現実に起こることは、このシナリオ1と2の中間かもしれない。より一般的な買い物はアマゾン、本当に知る人ぞ知るニッチな商品を探す場合はグーグル等を用いた探索、という組

★9—ロングテールとは、インターネットを利用した物品販売に特徴的にみられる手法ないし現象のこと。「販売数」を縦軸とし、「商品」を販売実績の多いものから順番に並べて横軸としたとき、販売数の少ない商品がなだらかに長く伸びるグラフが描かれる。そのグラフの右側に伸びる部分をテールと呼び、その長いテール部分でビジネスが成立するようになるので、「ロングテール」が注目されている。

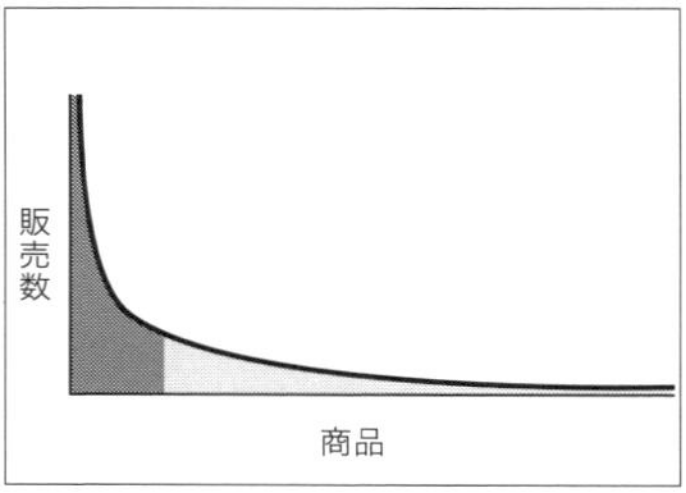

み合わせになるかもしれない。このシナリオ1と2のどちらの比重が大きくなるかで、アマゾンとヤマトグループのもうかり方は変わってくるであろう。

5 成長市場に直面しつつ利益をとれないのはなぜか

ヤマトグループとアマゾンの関係を通して、相手をいかに「取り換え可能な存在」にし、交渉上の優位性を保つかという攻防を見てきた。今のところ、この攻防はアマゾンが優位に進めているように見える。

ネット通販の市場が拡大し、宅配便の取り扱い個数は年々増えている。2015年度の合計取り扱い個数は前年度比3・6％増の37億4500個で、2010年度からの5年間で5億個以上も増えている［図8-4（→p.227）］。宅配便の国内取り扱い個数シェアを見ると、ヤマト運輸、佐川急便、日本郵便の3社で市場の大部分を占めており、ヤマト運輸が5割に迫る勢いだ［図8-5（→p.227）］。一つの市場を3社で分け合うというのは、企業にとっては非常に有利で利益が出やすい構造のはずである。その上、宅配便の取り扱い個数が増え続けており、中でも業界首位のアマゾンの配送を手がけるヤマト運輸は、「さぞもうかっているに違いない」というのが一般的な見方であろう。

図 8-4 ★宅配便の取り扱い個数の推移

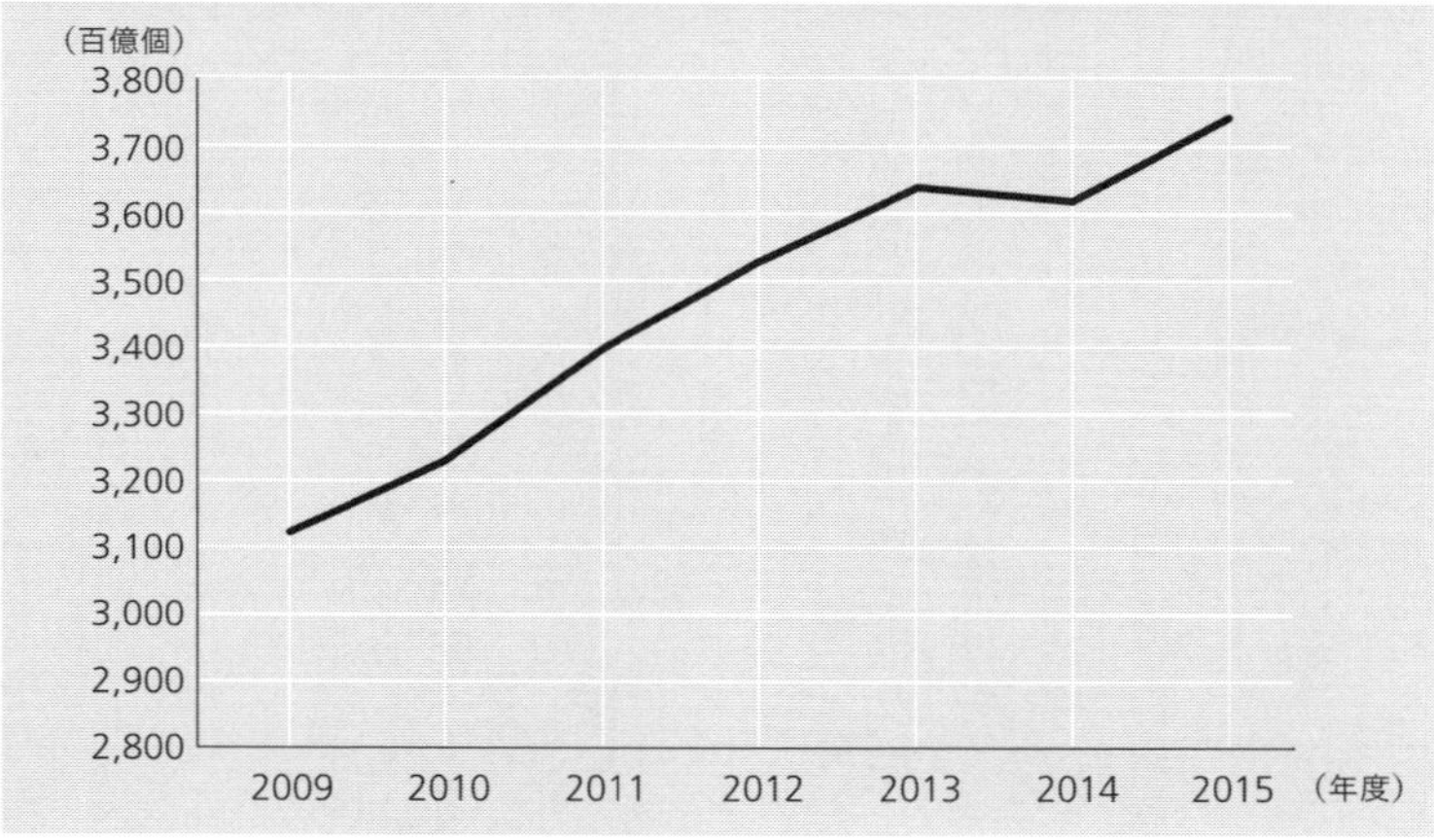

資料：国土交通省「宅配便取扱実績関係資料」を基に作成

図 8-5 ★宅配便市場シェア

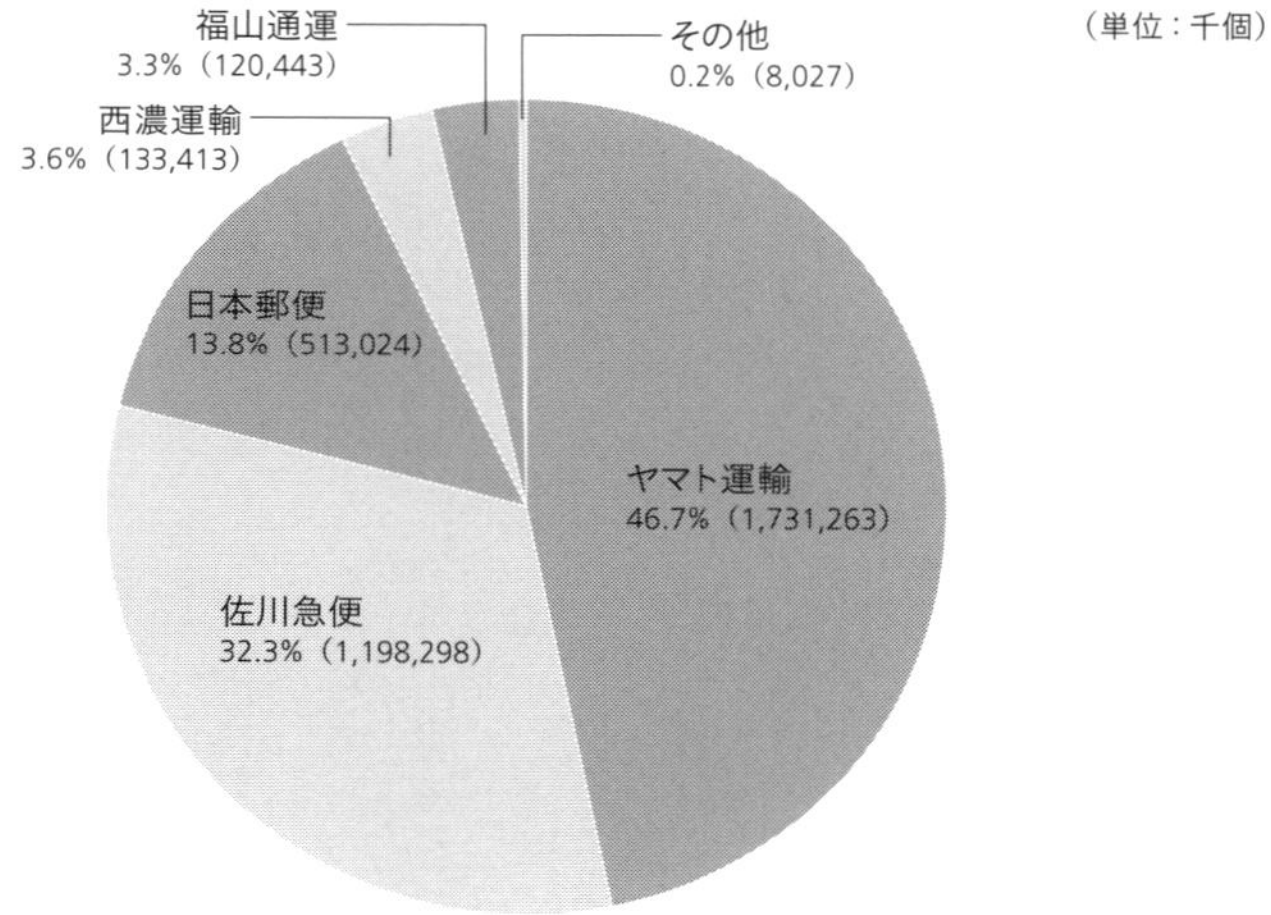

資料：国土交通省の資料を基にヤマトホールディングスが作成

しかし、ヤマトホールディングスの2016年3月期の連結営業利益は約690億円で、10年前の2006年3月期（約678億円）とほぼ変わっていない。売り上げは増えているものの、利益面で10年間成長していないという事実は、今回の決算発表で衝撃を持って受け止められた。

利益成長が十分ではない理由の一つは、「バリュー・ネットワーキング構想」を実現するべく、ゲートウェイへの設備投資に多額の費用を投じていることであろう。これは将来のための投資として必要なものであり、現在の利益を多少犠牲にしてもなすべきことであろう。しかし、ヤマトホールディングスの利益成長が十分でない理由の一つとして、物流業者の利益を圧迫するような業界構造をアマゾンのようなネット通販業者が構築してきていることにも注意をしておく必要があるだろう。

ネット通販という成長市場を取り込んでいるにもかかわらず、その中心にいるプレーヤーがアマゾンであり、過度な値上げができなくなるような巧妙な手を打っているが故に、ヤマト運輸をはじめとする業界の利益率が伸びにくくなっているという側面があるのである（実際にはアマゾンは少しずつ配送料の値上げに応じているのだが、その値上げ幅は抑えられている）。さらに、宅配便の取り扱い個数が増えてドライバーが必要になっているにもかかわらず、**生産年齢人口**[★10]が減っているという背景もある。人手不足故にドライバーの賃金を上げざるを得ない状況にあり、業界全体で人件費が膨らんでいる。これも物流業者の利益を圧迫する要因である。

拡大する利益を得るのは誰か？

ネット通販の成長がもたらす利益ポテンシャルを最もうまく活用しているのは、今のところアマゾンだろう。成長して得たキャッシュを自前の物流センターに投資することによって、付加価値の源泉をヤマト運輸のような物流業者に渡さない構造を作り上げている。また、アマゾンのキャッシュは物流だけでなく、ポータルサイトの使いやすさなど、サービス向上のための投資にも回される。このような投資も、未来の顧客を囲い込むために有効なものだろう。もちろん、ネット通販の拡大は物流業界全体のパイを広げているし、長期的に見てプラスに働く。しかし、その利益の取り分をどのプレーヤーがより多く得ていくのかは、今後の消費者がどのようにネット通販を使っていくのかという動向と、相手をいかに「取り換え可能な存在」にするかという競争の行方にかかっている。

なお、ヤマトグループも佐川急便も、実は近年、B to Bに力を入れている。これも、ネット通販の成長と無縁とは言えない。なぜなら、図8-3に見られるように、最終的にネット通販のB to C（②）が増えると、そこで多頻度配送される製品を作るための部品や材料の輸送頻度も増えるからである。ネット通販が配送スピードを武器として戦い始めると、企業のものづくりもスピードが要求されるようになる。少量をスピーディに生産して、在庫を持た

★10—年齢別人口のうち、労働力の中核をなす15歳以上65歳未満の人口層のこと。

ずに次々に出荷していくというメーカーにとって、部品の調達も小ロットで多頻度の配送が必要になる。それ故、ネット通販のＢ to Ｃが成長すると、多頻度・少量のＢ to Ｂの物流市場も派生的に発達していくはずである。この部分の市場をとりに行くというのが、ヤマトグループと佐川急便の戦略として非常に重要になる。

物流の業界での競争は、その派生需要まで視野に入れて考えなければならない。その意味で、業界の変化を考えながら戦略を構築する人は、大きな構造図を常に描く必要がある。

第8章 Chapter

point

- 成長産業にいれば、すべての企業が利益を得るとは限らない
- 戦略の問題を考える際に、最も重要なのは需要の変化である
- 相手をいかに「取り換え可能な存在」にするかがビジネスを優位に進めるための基本である

イノベーションをめぐる諸問題

第9章 Chapter

キーワード

コモディティ化
イノベーション
イノベーションのジレンマ
オーバー・サーブド
破壊的イノベーション
リバース・イノベーション

優れたフレームワークは、どのように実践において役立てるべきなのだろうか。本章では、クリステンセンのフレームワークについてまず説明し、その後に国産カメラ・メーカーに関する事例を紹介していこう。フレームワークを知ることで、われわれは日常の思考から一歩抜け出すことができるのである。

ケース 11

ソニーの事例ほか

コツコツと努力し続けることが「正解」ではない

日本を代表するカメラ・メーカーと言えば、
キヤノンとニコンである。
この2社に迫ろうとするパナソニックやソニーは、
「ミラーレス一眼カメラ」の分野で画期的な製品を出してきた。
当初女性向けに軽量で操作が簡単であることを売りにしていたミラーレス一眼カメラだが、
その品質の向上により、徐々にアドアマやプロの信頼も得るようになってきている。

1 イノベーションによる競争を考えるためのフレームワーク

「イノベーションが大事」というのは、どの企業も認識していることだろう。他社に追随されない技術やノウハウを蓄積して、顧客に感動を与える新しい製品特徴をつくり出していくのでなければ、その企業の商品は価格以外に差のない商品（コモディティ）となってしまい、激しい低価格競争に飲み込まれていかざるを得ない。これを**コモディティ化**という。そこから抜け出すにはイノベーションが必要である。

製品特徴ばかりでなく、他社には追随できない低コストの生産方法や、オリジナルのマーケティング手法、独自の物流システムなど、独特のイノベーションを生み出していかない限り、現在のグローバル競争を生き抜くことは難しい。

イノベーションが必要だというのは、その意味では自明であり、今さら強調する必要もないことかもしれない。しかし問題は、「自分はこの方向でイノベーションを進めるべく頑張っているのだ」という自己認識が、全く成果を生まないことがあり得る、という点である。

「自社の固有の強みを大切にして、差別化のための独自の経営資源を戦略の中核に据え、主要な顧客の要求に耳を傾けながら、常にイノベーションを推進するべくチャレンジを続けていく」。この姿勢は通常の局面では全く正しい。経営戦略論の定石通りである。しかしいくつかの条件の下では、この姿勢が全く成果を生まないことがある。本章では、そのような現象を説明するためのフレームワーク**「イノベーションのジレンマ」**について説明を加え、その上で、同じフレームワークに基づいて国際経営について議論を展開している**リバース・イノベーション**について述べていくことにしよう。

他の章とは異なり、ここではケースからではなく、先にフレームワークから説明を始めることにしたい。ここで取り上げるイノベーションのジレンマに関するフレームワークは、他の章で取り上げたものよりも、ほんの少し複雑なので、フレームワークを知らずにケースを読み進めていくと、何がポイントなのかをつかみにくくなる可能性がある、というのが一つの理由である。また、2つ目の理由として、フレームワークを持って事例を追いかけていくことで、いろいろなことが整理されて見えてくるという利点もある。フレームワーク的な思考を身につけることで、わたしたちは一つの広い視野から多様な現実を捉えることができるようになるのである。

「下らない技術」に要注意

「イノベーションのジレンマ」あるいは「イノベータのジレンマ」とは、企業間または技術間の逆転を説明するフレームワークである。イノベーションのジレンマという言葉で、逆転の現象が起こったことそのものを指すこともあるから、理論的フレームワークを強調するときには、このフレームワークの提唱者の名前を取って、**「クリステンセン[★1]の理論」**という呼び方をしよう。

クリステンセンによれば、業界のトップ企業が新しい技術の登場によって首位の座を奪われるのは、その新しい技術が既存の技術から見てラディカルな変化を必要とするものであるからとか、中身がまったく異質なものであるからではない。あるいは、技術変化のスピードが速いから業界トップが遅れてしまうのでもない。全く異質な知識ベースが必要なラディカルな技術変化でも、また、そうした技術変化のスピードがどれだけ速くても、業界のトップ企業ならば対応できるケースが多い。なぜなら、トップ企業は経営資源が豊富であり、顧客の望んでいる高性能をもたらす技術であれば、常日ごろから研究開発しているからである。もし事前に研究開発していなくても急速に学習を積み重ねる優秀な技術者も多いので、トップ企業は通常の技術変化には対応できるのである。

業界のトップ企業がその地位を奪われるのは、実は、新しい技術が登場した際に、当初は、それが一見**「下らない技術」**に見える場合である。

例えばフラッシュ・メモリーが登場したときには、記憶容量が十分ではないから、また、同じ記憶容量を提供するのならハードディスクの方が圧倒的に低コストで対応できるから、という理由で、ハードディスクが代替されることはないと考える人がいた。記憶容量とコストを考えれば、「なにもこれほどのコストをかけて、この容量を手に入れる必要はない」と思われるように、フラッシュ・メモリーは「下らない技術」だったのである。しかし、その記憶容量が十分に大きくなってきて、コストも下がってくると、今度はアクセス・スピードが速い、衝撃に強い、という他の側面の良さが注目されるようになり、徐々にパソコン用のハードディスクはSSD（ソリッド・ステート・ディスク：フラッシュ・メモリーを使ったハードディスク）に代わりつつある。もちろん当初からフラッシュ・メモリーがハードディスクにとって脅威だと考えていた人もいるのだが、それほど大げさに脅威だと騒ぐ必要はないと思っていた人もいる、ということがポイントである。このように感じさせるような一見「下らない技術」こそ要注意である、とクリステンセンは指摘するのである。

クリステンセンの指摘する逆転のメカニズムを図で説明しておこう。［図9‐1（→p.240）］には、**イノベーションのジレンマの基本型**が記されている。横軸には時間が、縦軸には性能がとられている。傾きの緩やかな2本の平行線が点線で描かれている。この下側は市場で最も品質にうるさくないセグメントが要求する性能である。簡便のため、このセグメントを**ローエンド**と呼んでおこう。逆に、上側の点線は市場で最も品質や性能にうるさい人が要求する性能である。これを**ハイエンド**と呼んでおこう。両方の線が右上がりになっているのは、

★1――ハーバード・ビジネス・スクール教授のクレイトン・クリステンセンが1997年に著書『イノベーションのジレンマ』において提唱した理論。

時とともに顧客が学習を重ねて徐々に要求水準が高くなっていくことを表している。例えば、昔にくらべれば、今の方がハードディスクの容量を多く必要とするようになる、というような傾向を表す直線である。

図中には、もう少し角度の急峻《きゅうしゅん》な2本の実線も描かれている。上の直線は、既存の市場で普及している「技術Aを使った製品」の進化経路を描いたものであり、下の直線はこれから逆転を狙っている「技術Bを使った製品」の進化経路を描いたものである。正確に言うと、「技術Aを使った製品」なのだが、説明を簡単にするために、ここから先は**「製品」**で統一しておくことにする。

時とともに製品の性能は確実に進化す

図 9-1 ★イノベーションのジレンマ：クリステンセンのフレームワーク

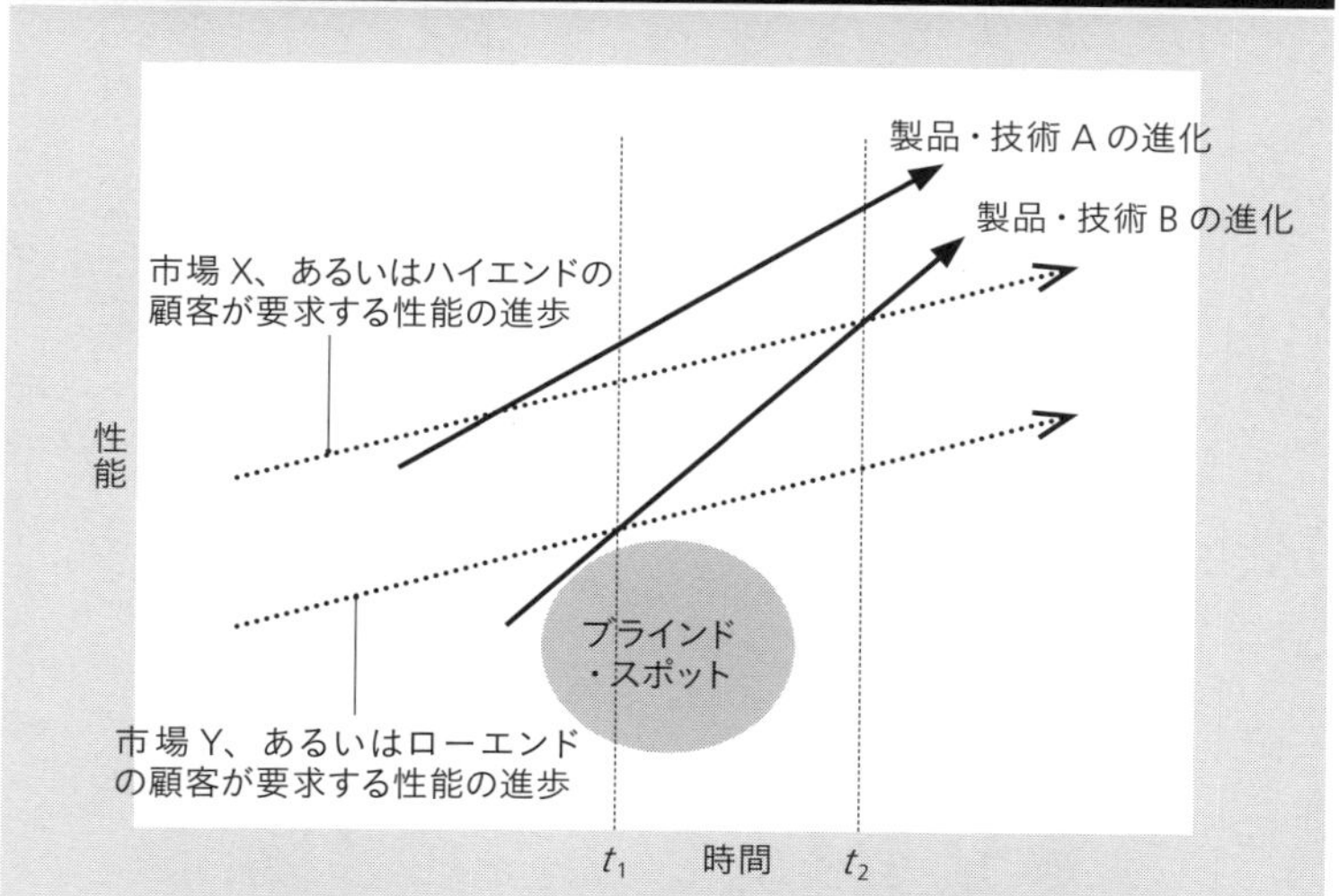

る。しかも、顧客の要求が高まるよりも速いスピードで製品性能が進化するように、ここでは想定されている。

図9-1のt_1時点よりも前の段階では市場で受け入れられる製品はAだけである。製品Bはローエンドの顧客すら手を出さない。この時点で、製品Aを手がけているトップ企業は製品Bのことを「下らない」と考えるのである。実際、製品Aを販売している企業がハイエンドの顧客のところに調査に行けば、製品Bなど使いものにならないという答えが返ってくるに違いない。優良企業ほど、重要な顧客の声に反応するようにできているから、この企業は製品Bを重視しないまま放置する。それ故に、その部分から登場して徐々に上昇してくる製品を見落としがちになる。そこがブラインド・スポットなのである。

しかし、製品Bも改良を重ねて、t_1時点を過ぎるとローエンドの顧客（あるいは周辺的な市場）に受け入れられるようになる。その後も改良を重ねてt_2の時点に到達すると、ハイエンドの顧客が要求する水準を超えることになる。

この時点でもなお、製品Aの方が製品Bよりも性能は上回っている。しかし、ハイエンドの顧客の要求水準をすでに超えているのだから、顧客は製品AとBの性能差には反応しなくなる。ハイエンドの顧客の要求水準を超えた状態を**オーバー・サーブド**（over-served）、あえて日本語にするなら、**過剰充足状態**という。オーバー・サーブドの状態になると、その性能の側面では顧客は反応しなくなるので、他の側面、つまり、より軽量だとか、アクセス・スピードが速い、落としても壊れない、というような他の性能次元が重要になってくる。こうして、t_2の時点まで来ると、製品Bは製品Aのお得意様の市場を奪うことになる。

このような逆転が生じるが故に、既存製品・技術の線上をそのまま右に上がっていく通常型のイノベーションとは異なり、右下から上がってくるイノベーション、すなわち当初は一見下らない技術に見えるイノベーションが既存の技術や企業にとって脅威なのである。この既存技術の進化経路の下方に出現するイノベーションをクリステンセンは**破壊的イノベーション**と呼んでいる。

これがイノベーションのジレンマの基本的なメカニズムである。この他にも、何を魅力的な投資機会と考えるかというような組織の意思決定に関する要素もクリステンセンの理論の中には含まれているが、以下で見ていくケースを考える上では前述の説明で十分であろう。

日本のカメラ・メーカーはいかにイノベーションを起こしたか

クリステンセンの理論を使って考える上で非常に参考になるのは、近年のカメラ産業である。まず初めに、１９８０年代に世界市場を席巻していた古き良き時代の日本企業の製品イノベーションから議論を始めることにしよう。ここではカメラ・メーカーを取り上げ、当時の製品イノベーションがどのようなものだったのかを振り返っておこう。

日本を代表するカメラ・メーカーといえば、キヤノンとニコンである。どちらも第二次世界大戦後、ドイツ製が主流だった高級カメラの市場に後発で乗り込み、大きな成功を収めた企業である。

キヤノンの前身は高級小型カメラの研究開発を目的として1933年に創立された「精機光学研究所」である。戦後、進駐軍の間で同社製カメラの品質の良さが口コミで広がり、海外で売れ始めたのをきっかけに、米国市場、ヨーロッパ市場を開拓した。円安の経済状況の中で「素晴らしい製品が手ごろな価格で手に入る」と評判になり、輸出を伸ばしていった。

一方、ニコンの前身である「日本光学機器」は、1917年に三菱合資会社社長・岩崎小彌太(岩崎弥之助の長男。弥之助は岩崎弥太郎の実弟)の出資によって設立された。第二次世界大戦中に望遠鏡、測距儀など光学兵器の多くを国から受注して技術力を上げ、戦後はその技術をカメラなどの民生用光学機器に転用した。とりわけ『ライフ』誌のカメラマン、デイビッド・ダンカンがニコンのレンズを絶賛したことから、世界中に注目されるブランドに育っていったといわれている。

しかし、ニコンもキヤノンも良い評価を獲得したのではあるが、当初は残念ながら独ライツ社のカメラ、「ライカ」には勝てなかった。ライツ社の連動距離計カメラのファインダーは光学系が複雑で、またメカニカルな部分についても高度な熟練工のすり合わせがふんだんに行われた製品だった。ニコンもキヤノンもある程度までは追随したものの、結局のところライカのブランド・イメージを凌駕《りょうが》することは極めて難しかった。

一眼レフ・カメラのイノベーション

ニコンとキヤノンがライカを凌駕するようになるのは、連動距離計カメラから一眼レフ・カメラへのイノベーションが生じた時期からである。35ミリのロールフィルム（普通のフィルム）を使った一眼レフ・カメラの発明自体は日本企業によるものではない。第二次世界大戦前後にドイツやハンガリーなど、多様なメーカーが次々にアイデアを出して、徐々に現在の姿に近づいてきたものだといわれている。

しかし、今日の一眼レフ・カメラの重要な特徴を次々に付け加え、その完成度を高めてライツ社の連動距離計カメラをマイナーなものに追いやったのは日本のカメラ・メーカーである。ニコンやキヤノンばかりでなく、旭光学（ペンタックス、現・リコー・イメージング）やミノルタ（コニカミノルタを経て、現・ソニー）をはじめとした日本企業が多大な貢献をしてきた。ある時期以後、一眼レフ・カメラの技術イノベーションを担ってきたのはすべて日本企業だったと言っても過言ではない。

その長いイノベーションの歴史の中で、とりわけニコンやキヤノンがプロのカメラマンから支持を受けている特徴は多数ある。優れたレンズ性能、プロの要求にこたえる機敏な反応、レンズの種類やストロボ等を含めたシステムの充実、どのような状態のもとでもほとんど故障しない頑健性、充実したサービス体制などがしばしば指摘される。

これらの基本的な要素の他に、かなり官能的な要素も重要である。ここぞというときにカメラを信頼してシャッターを押すプロやアドアマ（アドバンスト・アマチュア、アマチュアの上級者）の人々にとって、ニコンやキヤノンのファインダーをのぞいたときの画像の切れ味の良さ、一瞬を確実に切り取ったと確信させるシャッター音などは、極めて重要な要素である。

ニコンやキヤノンは、このファインダーの見えとシャッター音について、多くの技術を蓄積してきた。光学ファインダーは、ピントの合っているところと、ボケているところが明確に判別でき、しかもレンズの美しいボケ味を再現しなくてはならない。また、のぞき込んだときに暗くては視認性が悪いため、ファインダーは明るいことが好ましい。しかし、明るいファインダーにしようとすると、ピントの合ったところとボケたところの差がわかりにくくなる。この明るさとピントのわかりやすさというトレードオフを少しずつ改善しながら、現在の高品位の光学ファインダーが作られている。

シャッター回りも多様な技術が盛り込まれている。１秒間に８コマも撮影しようとすれば、高速でミラーが動くので、ファインダー像が揺れ、オートフォーカスが狂うという問題も起こり得る。このミラーのバウンドを抑えるためにショック・アブソーバーを加えるなど、多様な技術的工夫がふんだんに盛り込まれている。しかもどのような音を出すことが好まれるかという顧客の官能的な評価にも耐えられるように、素材や機構の選択にノウハウが蓄積されている。

光学式ファインダーとミラーボックス回りの機構に込められた技術とノウハウの集積が、

「見え」と「音」を作り出し、それが多くのプロやアドアマの人々の心を捉えてきたのである。

2 突然、登場したミラーレス機という「下らない技術」

ニコンとキヤノンの持つ一眼レフ・カメラの優位性はフィルムの時代でも、デジタルの時代でも基本的には変わることはなかった。デジタル・カメラ自体は当初は「下らない技術」に見えた。しかしフィルムに比べてCCDやCMOSイメージセンサーの光を取り込む能力が「下らなく」見えたのであって、カメラそのものが問題だったのではない。フィルムと電子撮像素子の間では技術代替が起こったが、デジタル一眼レフ・カメラそのものについては、ニコンとキヤノンがそれまでの技術蓄積の深さと、継続的な開発投資を支える資金力の大きさ故に、かえって市場地位を強固にしていった。

デジタル一眼レフ・カメラへの転換に際して、フィルムの巻き上げ機構などがなくなり、画像データを電子媒体に書き出し、絵作りをする画像エンジンを開発するなど、さまざまな変化はあったものの、光学ファインダーとミラーボックス回りの技術はそのままデジタルの時代にも重要な要素として生き延びてきた。各社の技術者は、さらにレベルの高い光学ファインダーを目指し、優れたミラーボックス回りの技術を完成させるために、技術イノベーションに日夜励んできたのである。

しかし、光学ファインダーとミラーボックス回りの技術という優位性に対して大きなチャレンジが登場する。ミラーレス一眼カメラの登場である。まず２００８年にパナソニックが「ＬＵＭＩＸ ＤＭＣ-Ｇ１」（以下、Ｇ１）という新製品を発売した［図９-２（→p.248）］。このカメラはファインダーからミラーボックスをなくし、光学ファインダー（Optical View Finder: OVF）ではなく電子ビュー・ファインダー（Electronic View Finder : EVF）[★2]を用いて構造をシンプルにするという、画期的なものだった。

光学ファインダーの場合、レンズから取り込まれた光はミラーで反射してフォーカシング・スクリーン上に映し出され、それをペンタ・プリズムで変換して撮影者が上下左右そのままの像として見ることになる。光学ファインダーを備えたデジタル一眼レフ・カメラの場合、撮影画像はＣＭＯＳイメージセンサーが捉えるのだが、シャッターを押す撮影者はレンズから入った画像を、電子的な変換を経ずに、そのまま見ているのである。

しかし、ミラーを取り去って、ＣＭＯＳイメージセンサーに直接光の信号が入れば、それをそのまま小さな液晶画面に画像として映してファインダーで見ることができる。以前から、ビデオカメラでは電子ビュー・ファインダーを採用しており、ユーザーは撮影中の動画をそ

★２―カメラのファインダー（被写体をのぞく小窓）に液晶画面等を使ったもの。

のままのぞきながら撮影していた。ミラーレス一眼カメラは、それを静止画像のカメラにも応用したのである。これによって、ミラーボックスが消え、重たいペンタ・プリズムも消え、小型軽量の一眼カメラを作ることができるようになったのである。

パナソニックがミラーレス一眼カメラを開発した背景には、本格的な写真を撮影したい女性顧客を取り込むという狙いがあった。当時、子供の成長を記録するなどの目的でデジタル一眼レフ・カメラを購入する女性が増えてきていたのだが、彼女らからすると、通常のデジタル一眼レフ・カメラは「操作が難しい」「機械が大きくて重いため、使いこなせない」という欠陥を抱えていた。

これに対して、ミラーレス一眼カメラのG1は、「一眼あそばせ」というキャッチ・コピーとともに「女性向けの一眼レフ」として大々的に宣伝され、狙い通り、プロ向け一眼レフに不満を感じ、もっと気軽に使いたいと思っていた層を取り込んでヒット商品となった。一眼レフ市場のローエンドの

図 9-2 ★ LUMIX DMC-G1

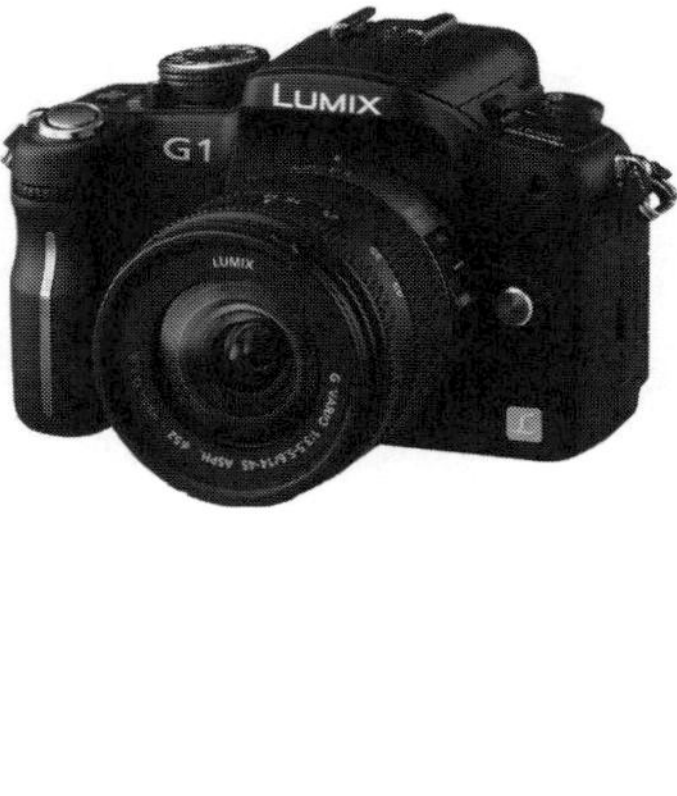

資料：パナソニック提供

需要を取り込んだのである。

しかしまだこの段階では、ハイエンドのセグメント、つまりプロもアドアマも、ミラーレス一眼カメラに対して本格的な関心を示すことはなかった。当時のＥＶＦは、イメージセンサーで取り入れた画像を処理するのに時間がかかり、タイムラグが目立ち、シャッターチャンスを逃しやすい、という点でハイエンドの顧客たちを満足させられなかったのである。

当時のビデオカメラ用のＥＶＦに比べると、Ｇ１のＥＶＦはかなりの高精細ディスプレーを使っていたが、それでも画面の美しさでは光学ファインダーの足元にも及ばなかった。ハイエンドの顧客たちにとって、ミラーレス一眼カメラは「動きの激しいものは撮れない」「創作意欲がわかない」ような商品であり、従来のデジタル一眼レフ・カメラよりも劣った商品、「下らない技術・製品」として位置づけられたのである。この時点で、もしキヤノンやニコンが自社にとって重要な顧客たちの声に耳を傾けたとしても、ミラーレス一眼カメラを重要な競争相手だとは思わなかったであろう。両者にとって重要な顧客とは、自社製品の性能向上に役立つ高度な要求を突きつけてくるプロであり、そのプロがミラーレス一眼カメラを評価していなかったのである。

デジタル一眼レフ・カメラの二強がミラーレス一眼カメラに対して事実上の無視をしていたときに、その他の企業はミラーレス一眼カメラに熱心に取り組み始めた。もともとフィルム時代にコンパクトな一眼レフ・カメラで定評があったオリンパスや、その後急速に存在感を高めていくソニーである。

顧客のニーズに着実に応えたソニー

ソニーはもともとコニカミノルタの技術も活用しながら、「α900」という優れた光学ファインダー式の従来型デジタル一眼レフ・カメラを発売していたが、ニコン・キヤノンの二強からシェアを奪うことができずにいた。ソニーはパナソニックのG1には即座に追随しなかったものの、EVFの可能性を理解し、ミラーレス一眼カメラに注力していく。

G1発売から2年が経過した2010年に、ソニーはミラーレス機「NEX-3」「NEX-5」［図9-3］を発売した。ゲゲゲの鬼太郎の目玉おやじを彷彿とさせるユニークなデザインで、圧倒的な小型・軽量を表現し、市場に強いインパクトを与えた。APS-Cサイズの大型イメージセンサーを搭載し、暗所でもノイズの少ない画像が撮れ、ビデオカメラで培った技術に加えて、ボケ味のある一眼カメラならではの画質でハイビジョン動画を撮影することができる商品で

図 9-3 ★ NEX-5

資料：ソニー提供

あった。

この時点ではまだミラーレス一眼カメラはプロやアドアマの本気の道具という領域を侵すまでには至っていないのだが、その方向に向けて着実な進化が始まった。

決定的だったのはCMOSイメージセンサーのサイズであろう。ルミックスのGシリーズがフォーサーズ規格（約17・3ミリ×13ミリ）、ソニーのNEXがそれより少し大きいAPS-Cサイズ（23・4ミリ×15・6ミリ）であったのに対して、キヤノンやニコンは35ミリ・フルサイズ（約35ミリ×24ミリ）のイメージセンサーを装備した高級一眼レフを提供していた。フルサイズがもつ画像表現の豊かさや、暗所ノイズへの強さ、これまでの慣れなどの要因故に、プロやアドアマはキヤノンやニコン以外のカメラを本気で使おうとは考えなかった。

ソニーの製品戦略は、これらの問題を十分に認識し、一歩ずつ確実に性能を高めていく経路を進んでいた。その結果、２０１３年にはフルサイズCMOSイメージセンサーを搭載したミラーレス一眼カメラ「α７」が発売され、１年後の２０１４年には第2世代の「α７II」が発売された。

一眼レフ・カメラの優位性が失われていく

ソニーは「α７シリーズ」のファインダーを液晶から有機ELに代え、その有機ELを改良し続けて精細度や色再現性を高め、光学ファインダーの美しい見え方に少しずつ近づけていった。今でも光学ファインダーと比べれば美しさでは劣るかもしれないが、有機ＥＬの改良によって徐々にハイエンドの顧客まで許容できる水準に近づいてきた。

「性能では光学ファインダーにかなわない」と言っていたハイエンドのプロやアドアマも、画面が美しくなるにつれ、いつしかＥＶＦが持つ他の機能に注目するようになった。

例えば、静止画と動画がシームレスに撮れるＥＶＦが便利だと認識されるようになる。また、暗い所では光学ファインダーでは何も視認できなくなるが、ミラーレスなら輝度調整をして明るく見せてくれる。撮影中にファインダー像を拡大してピント精度を確認することもできる。ＥＶＦの美しさが高まるにつれて、このような他の側面が注目されるようになってきたのである。

市場のトレンドもその方向を後押ししている。２００７年に登場したスマートフォンがさまざまなインターネットのインフラを誘発し、Facebook等のソーシャル・ネットワーク・サービス（ＳＮＳ）のユーザーが爆発的に増えてきた。人々はスマートフォンでレストランの料理を写真に撮り、ＳＮＳにアップするなどの行動を取るようになる。近年では、短い動画をアップする人も多くなってきた。このあたりから、動画と静止画のすみ分けがあいまいになり、両者が共存するようになってきた。スマートフォンやタブレット端末など、静止画と動画の両方をシームレスに楽しめるデバイスが普及し、それらをプリントではなく、スマートフォンやタブレットで見る消費が増えてきたのである。写真を消費する機会がプリントや印刷という紙媒体から、スマートフォンやタブレットのような電子ディスプレーになり、静止画と動画が消費の局面で共存するようになると、それを生産する写真撮影の場面でも両者のシームレスな共存が重要になる。

ミラーボックスが作り出す「音」の問題はいまだに従来型一眼レフ・カメラに優位性がある領域かもしれないが、その音についてもソニーはデザインを始めている。近年のソニーのデザイナーは、モノを物理的にデザインするのではなく、**ユーザー・エクスペリエンス（UX）**、つまりユーザーがモノを使用したときに得られる体験をデザインするという考え方を採用している。従って、シャッターを切ったときの音もデザインの対象なのである。この音についても、ある程度の満足が得られるものが達成されると、今度はミラーボックスがないことのメリットが注目されるようになるだろう。シャッターを切ったときの衝撃の少なさ、ミラーボックスを考えなくてもよくなるが故のレンズ設計の自由度などである。

デジタル一眼レフ・カメラのローエンドから入り込んだミラーレス一眼カメラは、当初ハイエンドの顧客からは「下らない」製品に見えた。また、ハイエンドの顧客の声に忠実に開発活動を続ける企業にとっても、重要な製品には見えなかった。しかし、少しずつ性能を高め、いくつかの点で「十分に使える」水準の性能が出せるようになってきている。その結果、一眼レフ・カメラの参入障壁を作ってきた光学式ファインダーとミラーボックス回りの技術が徐々に優位性を削られつつある。イノベーションのジレンマのフレームワークに基づくならば、当初、一見「下らない」製品に見えたミラーレス一眼カメラがさらに市場シェアを高めていく可能性が示唆されるのである。

3 まじめな技術進化がイノベーションを遠ざける

イノベーションのジレンマのフレームワークは、われわれが日常的に経験していることをフレームワークに当てはめて考えてみることの大切さを教えてくれる。光学式ファインダーとミラーボックス回りの技術を日々鍛え上げてきたキヤノンやニコンは、当初「下らない技術」に見えたミラーレス一眼カメラに徐々に「下から」攻められるようになった。この競争はまだ続いているから完全な逆転が生じたという結論が出ているわけではない。しかし、まさにクリステンセンのフレームワーク通りに物事が推移している事例であり、フレームワークに基づいて考えていく有用な事例である。

フレームワークの威力はここにとどまらない。クリステンセンのフレームワークを知っていることで、われわれは自分が今、イノベーションの戦いの中で、どの局面に位置しているのかということを考える鳥瞰図的な理解を得ることができる。このことを理解するために、図9-1を少し修正して、［図9-4（→p.255）］が描かれている。

図9-4は、縦軸・横軸等、基本的なところは図9-1と同じであるが、先行している既存企業の立場から見て領域を3つに分けている。

図中t_0までの期間をここではフェーズ1と呼んでいる。この期間は、製品Aを開発している人々がまだ市場のハイエンドの要求に応えられていない状態にある。このとき、この人たちが日々イノベーションに邁進して製品性能を高められれば、そのぶんだけ顧客が支払ってもよいと考える金額が高まっていく。この**「支払ってもよいと考える金額」**のことを**WTP（Willingness to Pay：支払い意思額）**という。今まで不満だった部分を改良して満足のいく製品にしてくれているのだから、今までよりも高い価格を支払って

図 9-4★3つのフェーズ

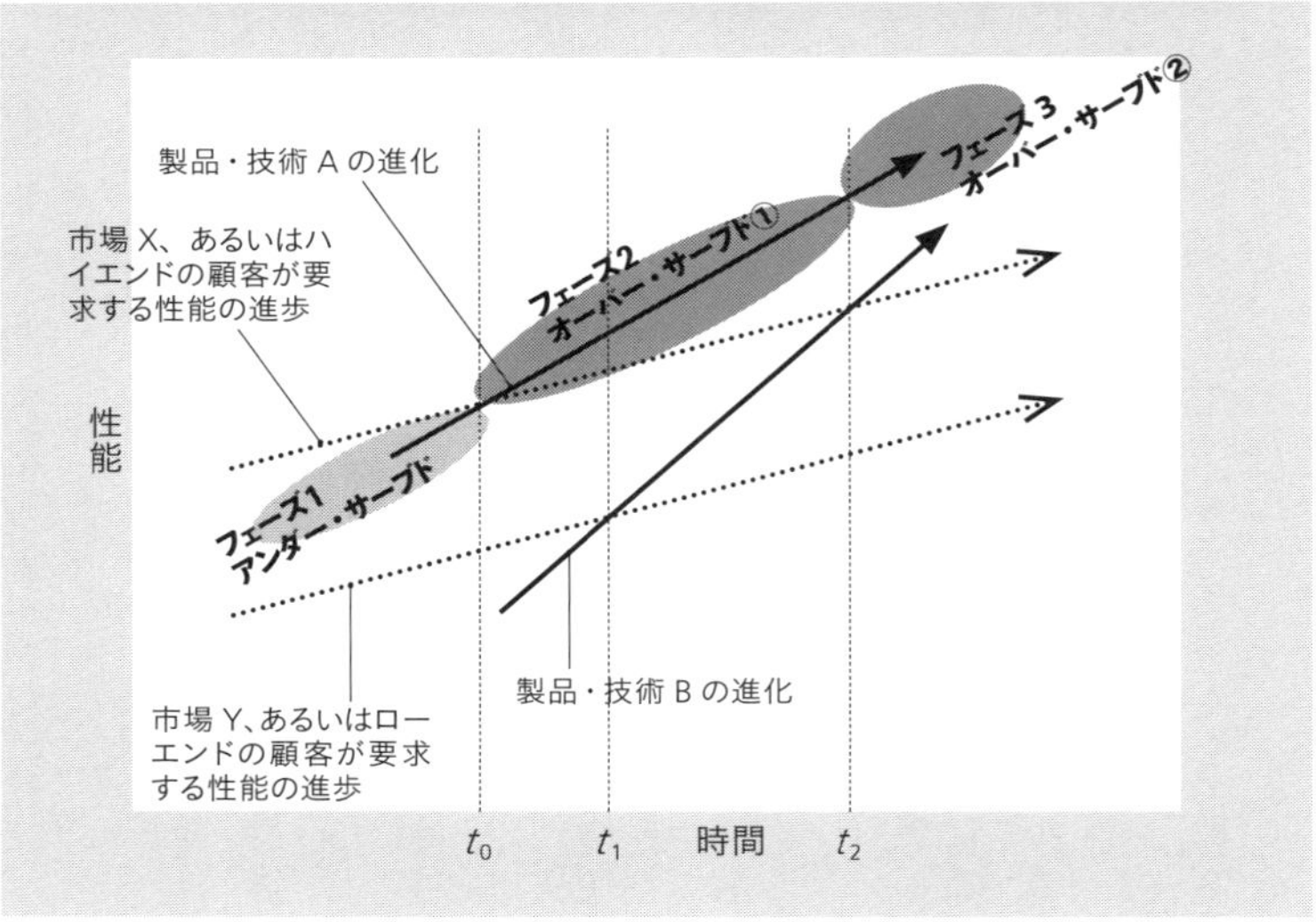

もよいと思ってくれるのである。その意味では、この部分は、他に競争相手がいなければ、コツコツと努力したぶんだけ報われる時代である。

しかし、t_0を過ぎてフェーズ2に入ると、ハイエンドの顧客の要求を超えてしまう。オーバー・サーブドの状態になるので、努力した割には顧客のWTPは上がっていかない。顧客の目から見ると、もう十分満足しているのに、それを改良されてもそれほど高い価値を感じていないからである。技術者たちが「良い製品なのに、顧客が理解してくれない」とぼやき始めるのはこの時期である。

さらにt_2を過ぎたフェーズ3の時期になると、競争相手の製品Bがハイエンドの顧客の要求水準を超えてくるから、顧客からするとAでもBでも、どちらでもよくなる。その結果、低価格帯から入って性能を上げてくるBの方に顧客がシフトしてしまう。本当の逆転劇が生じるのはこの局面である。

こうしてみると、「努力すれば報われる」という意識が強く形成されるフェーズ1を経て、そのままの努力が報われずに「良い製品なのに顧客がわかってくれない」とぼやくフェーズ2、さらにはかつて見下していた製品に逆転されるフェーズ3の3つに全体を分割できる。自分たちが日々感じている実感が、どのような大きな構図の中で生まれてくるのか、ということを考えさせてくれるという意味で、クリステンセンのフレームワークは自分たちの位置を相対化してくれる、という意義を持っているのである。

4 途上国で生まれる独自のイノベーション

クリステンセンのフレームワークは優れた理論である。優れた理論は、その一つでさまざまな事象の解明に援用可能である。

例えば、クリステンセンのフレームワークの図9-1に1本線を加えてみるとよい〔図9-5（→p.260）〕。ローエンドのセグメントよりも、さらに下に発展途上国の需要という線を描いてみるのである。

図9-5の需要進化の一番下の線は、発展途上国の通常需要に対応する。その上に先進国のニッチ市場（ローエンドでもよい）、さらに、一番上に先進国の通常の市場が対応している。本来ならその上に、先進国のハイエンドがあってもよいのかもしれないが、ここでは省略してある。

これまで多くの企業が国際戦略を考える際に、自国内で売れた商品をどのようにして低コスト化して発展途上国に輸出するか、という問題を設定することが多かった。しかし、先進国の通常の需要に合わせて設計された製品は、いろいろなところでぜいたくになっていて、発展途上国の人々に購入してもらえる価格へ下げることが難しい。

しかし、先進国から発展途上国に新製品を導入するのではなく、逆に発展途上国から先進国へと新製品を持ってきて成功する、という事例が近年見られ始めた。このような逆の流れを、**リバース・イノベーション**という。[★3]

中国の農村部から先進国へ

リバース・イノベーションの有名な例として、GEヘルスケアが開発した携帯型超音波画像診断装置「ヴィースキャン」がある。超音波画像診断装置とは、俗にエコーと呼ばれ、臓器の状態を診断するのに使われる医療用の機械である。人間ドックに行ったことのある人は肝臓や腎臓の画像をエコーで撮影された経験があるはずである。また妊娠中の母親は胎児の成長を診察する場面で経験されているだろう。先進国で通常使われている超音波診断機は通常据え置き型で、価格は200万円を切るものから高いものでは3000万円以上のものもある。

この超音波診断装置を小型化して持ち運びできるようにした製品が、2002年にGEヘルスケアによって開発された。GEはアメリカの会社だが、開発したのは中国の子会社である。中国では、農村部に医師が出かけて行くと満足な診断器具がない。しかし、据え置き型の超音波診断装置を持って行くことは難しく、しかも電気が使えない場合もある。そのため、小型で持ち運びができて、電池駆動が可能な超音波診断機が求められていたのである。彼らはこれを「ヴィースキャン」と命名して、２００２年に製品化した。

その後、徐々に小型化・低価格化を進めて、２００８年には１５０００ドル（１ドル１０５円換算で１５７万５０００円程度）にまでコストダウンをした。現在では少し大きめの携帯電話のような大きさで、98万円にまで低価格化されている。

この「ヴィースキャン」は中国の農村部向けに中国のＧＥのスタッフが開発したものである。図9-5で言えば、一番下の需要進化の線を越えた製品であった。しかし、その後の進化が続いていくことで、中国以外にもニーズが見つかり始める。先進国の救急治療室など、大型の機械を持ち込めず、即座に内臓の状態を調べるために持ち運び可能な超音波画像診断のニーズがあったのである。その結果、「ヴィースキャン」は中国で開発されたのだが、その後、先進国のニッチ市場に入り込むことができた。

この変化に合わせて売上高も成長している。ヴィースキャンの世界での売り上げは、２００２年に４００万ドルであったのが、２００８年には2億７８００万ドルにまで増加している。ＣＡＧＲ（年平均成長率）が50～60％という驚異的な数字となっている。

「ヴィースキャン」は、さらにその後の進化次第では、救急治療室というニッチ市場を超えて、先進国内でさらに普及していく可能性もある。

★3―ビジャイ・ゴビンダラジャン、クリス・トリンブル著、渡部典子訳『リバース・イノベーション』ダイヤモンド社、２０１２年。

現在は図9-5の下から2番目の線を超えたところであるが、さらに医師の側の使い方の発案がなされ、新たな診療の仕方が提唱されていくことで、救急治療室の外に出て幅広い世界で活用されるようになるかもしれない。そのときは、図9-5の一番上の線を越えるということになる。発展途上国で生まれて、その環境で受け入れられた製品が、先進国のニッチ市場やローエンド市場に橋頭堡を築き、その後、さらに上昇移動して広く需要を獲得していく、というリバース・イノベーションのさらなる進展に期待がかかっている。

なお、一人当たりの国民所得という点で先進国よりも少ないからといって、発展途上国があらゆる点で先進国の後塵《こうじん》を

図 9-5 ★リバース・イノベーションの論理

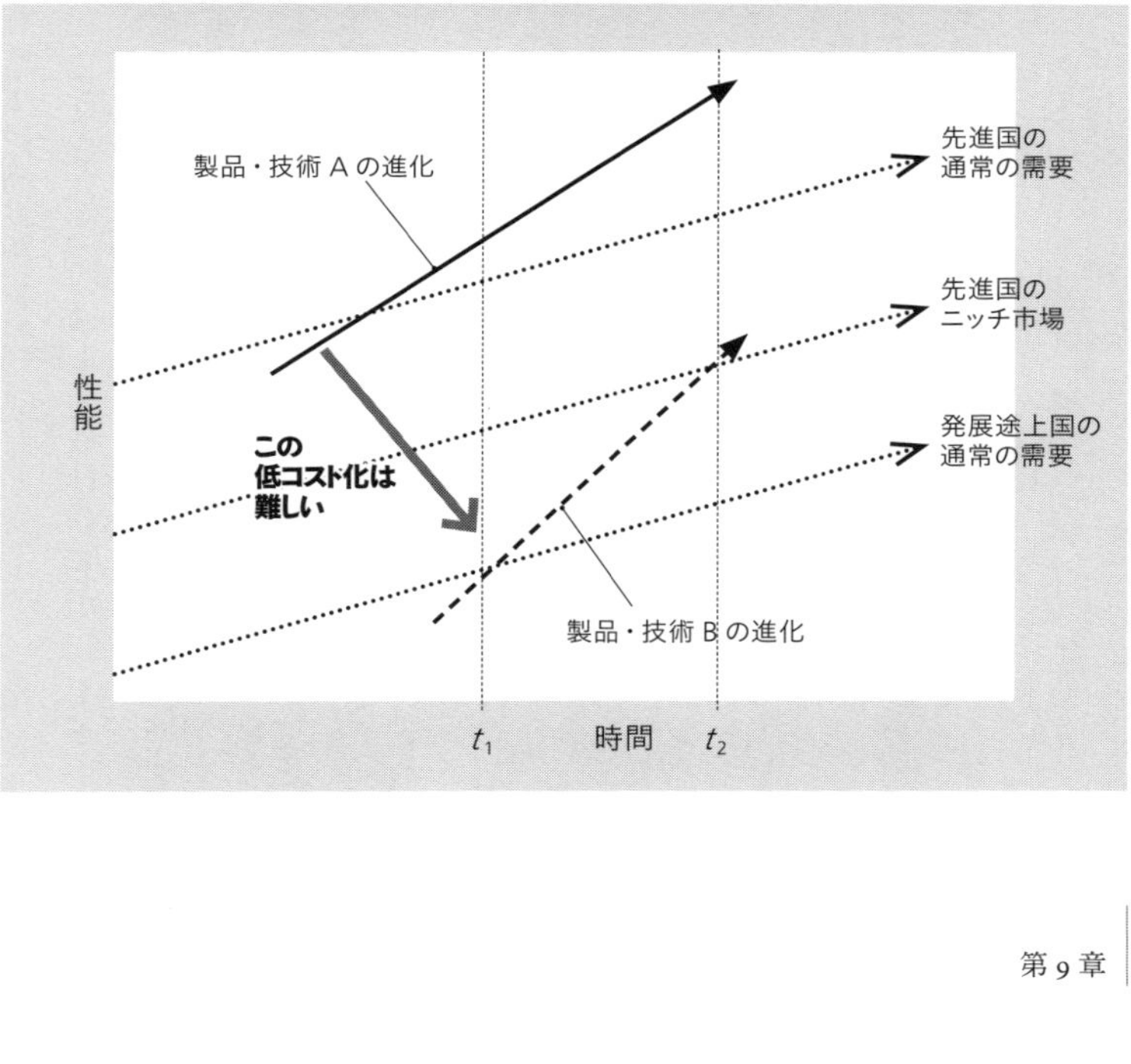

拝していると考えるのは間違いである。例えばＩＴのインフラなどは、固定電話網が引かれた後に携帯電話網を作った先進国よりも、初めから携帯電話のネットワークを作っていった発展途上国の方が進んでいるということは十分に起こり得る。

実際、地上波のテレビが整わないうちに、インターネットでの動画視聴の方が先行する地域もあるだろう。発展途上国の方が時代の先取りをしている地域になっているケースもある。その意味でも、リバース・イノベーションは魅力的なコンセプトである。先進国で開発したモノをコストダウンして発展途上国に持って行く、という発想ではなく、ある面では先進国より先を行く発展途上国の開発品を先進国に導入するという発想も必要なのである。

クリステンセンのフレームワークを国際戦略に応用すると、そのような知見も得られる。日常の思考から抜け出すチャンスをフレームワークが与えてくれるという典型例である。経営学のフレームワークはクリステンセンのものばかりではない。日ごろから、理論やフレームワークを学ぼうとする姿勢が、現代の経済社会で自立して生きていく上で重要だということを本章の議論で少しでも伝えられたら幸いである。

第9章 Chapter

point

- 「自分はこの方向でイノベーションを進めるべく頑張っているのだ」という自己認識が成果を生まないことがあり得る
- 一見「下らない」と思われていた技術が、既存企業を衰退に追いやることがある
- 優れたフレームワークは、その一つでさまざまな事象の解明に援用可能である

おわりに

経営戦略論を通じて社会科学を学ぶ

何事もまず「ことば」である。「ことば」を使って他者とコミュニケーションをとるから「ことば」が大事だという意味ではない。「ことば」によってわれわれは世界を創り出し、世界を分節化し、自分たちの経験を解釈しているから、何よりもまず「ことば」が大切なのである。

ことばによる世界創出というイメージを伝えるには、たとえば、カール・ワイックという経営組織論の大家が語った3人の野球の審判に関するアネクドート（小話）がよい手がかりになるだろう。このアネクドートでは、3人の球審それぞれがストライクとボールの判定について、次のように述べている。

1人目の審判：「私はストライクを『ストライク』と判定し、ボール球《だま》を『ボール』と判定する」

2人目の審判：「私は、私にストライクと見えたものを『ストライク』と判定し、ボールに見えたものを『ボール』と判定する」

3人目の審判：「私が『ストライク』と判定したものがストライクになり、私が『ボール』と判定したものがボールになる」

3人の審判の違いは明白である。1人目の審判は自分たちの認識の外側に客観的な世界があり、その世界には客観的な事実があると信じている。その客観的な事実に対応して、ことばがあると考えているのである。

2人目の審判は、それに比べればもう少し自分の主観があることを意識している。外の世界に客観的な事実はあるのかもしれないが、それをひとたびわれわれが認識したら、主観的なものになってしまう。だから、「私にストライクと見えたもの」という言い方になるのである。あくまでも客観的な事実の主観的な解釈だという立場である。

しかし、3人目の審判はここに留まることなく、「ことば」による世界創出を明確に意識している。ピッチャーが投げた球は、審判が判定を下すまでは何ものでもない。そもそも審判が何も言わなければ、野球というゲームが成立しない。3人目の審判は自分たちが操ることばが野球のゲームという現実を創り出しているということを意識している。

野球のような創られたゲームばかりではない。われわれの日常生活も、われわれがことばを使うことで生み出されているものなのである。3人目の審判のケースほど極端ではないが、たとえば「ブラック企業」ということばを考えてみれば、そのことは明らかであろう。もちろん初めに、「ブラック企業」と呼ばれるような劣悪な労働を強いる企業が存在することもたしかであろう。しかし、同時に人々が「ブラック企業」ということばを操るようになると、さまざまな企業の様子から、「これもブラックではないか」という「気づき」が生まれ、身の回りの事象がそのように定義されていく。ことばが世界を創り始めるのである。

「ことば」を知ること、その「ことば」を操作して、現実を生み出していくこと。それがわれわれの生活にとって根源的であるなら、逆に「ことば」を知らなければ現実を創出したり、認識したりすることができなくなることになる。自分たちで自分たちの未来のリアリティを創造しようと思うのであれば、まず「ことば」を学び、仲間たちと共同して同じリアリティを創造する活動に参画しなければならない。

企業経営についても同様である。先進国では多くの人々が企業に勤務し、企業の中で日々「現実」に直面し、その中で苦労している。しかしその実、十分に企業について語る「ことば」を学んでいない場合も多い。自分が企業の中で置かれている状況を認識し、新しい状況を作り出すための「ことば」を持たなければ、われわれは無力である。企業社会に押しつぶされそうになって生きるのか、あるいはそれを認識し、それを新たに創出するように生きるのかは、企業について語る「ことば」を学び、それを駆使するフレームワークを学ぶか否かにかかっている。

たとえば、第1章で論じたマーケティング・ミックスという「ことば」、あるいはフレームワークがある。この「ことば」を知っている人は、ヒット商品を見て、まず問題を４つのＰとターゲット市場に仕分けをし、その関係づけの中でものを考えようとするはずである。同じ現象を見ても、「ネーミングがウケた」とか「たまたま時流に乗ってヒットした」というような解釈しかできない人に対して、４つのＰを知っている人は現実の現象を体系的に整理・仕分けし、それを自らの次の行動に生かすことができる。これを知っているだけで、スーパーやコンビニの棚が全く違った世界として見えてくるはずである。さらに、現実を仕分けし、理解するばかりではなく、自分が主体となって世界を創り出す際にも、４つのＰは創り出される現実を色濃く特徴づけることになる。自分が新しい製品を企画する状況になれば、この「ことば」のセットを使って、自分の力でリアリティを創り出すことになるのである。

４つのＰは、すでに世界的に標準化された「ことば」のセットではあるが、それが世界を生み出すために必要な基盤になる。たとえばわれわれは日本語の体系を身につけ、日本語の文法に基本的に則りながら、新しい「ことば」を創り出し、少しずつ世界を新しく創り直している。それができるようになるには、まず日本語の使い方に熟達しないとならない。

企業社会で生きる人は、まず企業を語るための「ことば」を学ぶことが重要である。その「ことば」を複数結びつけたフレームワークを学び、それによって現実を語ってみること。それを繰り返して熟練していくうちに、新しい「ことば」を生み出したり、新しいリアリティを創造したりすることができるようになる。企業社会の中で、主体性をもって生きようと考えるのであれば、経営学を学ぶことは不可欠である。その中でも、経営戦略論は広く社会現象全般との関連も深く、学び甲斐がある領域の一つである。社会科学的思考を学ぶための手がかりとして、経営戦略論を学び、それをきっかけとして、他の経営学や社会科学を広く学んでいく人が増えることを心から願っている。

本書の最後に、お世話になった方々への御礼を述べさせていただきたい。まず初めに、みずほ総合研究所の会報誌『Ｆｏｌｅ』「私の経営戦略」シリーズでお仕事をさせていただいたこと、その際にインタビューにご協力いただいた経営者の方々、また調整をしてくださった広報部・社長室等の担当者の方々に心から感謝を申しあげたい。また、同誌の編集を担当されてきたみずほ総研の日野俊孝氏（現・荘内銀行常務執行役員）と笠井信之氏にはいつも素晴らしい経営者の方々とのインタビューの機会を設定していただいた。

また、追加のインタビューを快く受諾してくださった富士フイルムの戸田雄三取締役副社長と座間康氏・滝本知行氏にも心から感謝を申しあげたい。緻密さと大胆なジャンプを共存させている富士フイルムとの対話から、筆者は常に新しい発見を手に入れている。

最後に、室谷明津子さんと桂樹社グループの狩生有希さん、ミネルヴァ書房の東京支社次長・三上直樹氏には本書作成に際して大変お世話になっている。そもそも当初、『Ｆｏｌｅ』のインタビューを始めた時点で室谷さんとのお仕事が始まり、その後、室谷さんが独立して経営戦略の本を狩生さんと一緒に企画し、三上氏の所属するミネルヴァ書房から出したいというお話をもって筆者のオフィスを訪ねてきたところから、本書の制作は始まった。

細かいことにこだわり、ついつい話が難しい方に流れる筆者の制御をしていただきつつ、どうにかこうにか本書ができあがってきた。特に室谷さん・狩生さんには、全体の構成と文章の流れ、データ・資料提供等、あらゆる点でご支援をいただいている。３人の方々とのご縁なしには、本書は生まれることがなかった。心からの感謝を申しあげたい。

さらに学びたい人のための図書案内

マーケティング戦略については、
拙書『わかりやすいマーケティング戦略 新版』（有斐閣、2008年）に
本書の基本的なロジックが体系的に解説されている。

クレイトン・クリステンセン

『イノベーションのジレンマ――技術革新が巨大企業を滅ぼすとき』

（玉田俊平太監修・伊豆原弓訳、翔泳社、２００１年）

本書の最終章で議論される枠組みがハードディスク産業の事例でていねいに議論される。少し難しいかもしれないが、これは経営学の名著である。

小倉昌男

『小倉昌男 経営学』

（日経ＢＰ社、１９９９年）

寝っ転がって読んでも面白いが、背筋を伸ばして丁寧に一行ずつ読み解いても意義深い。著者の社会科学的な思考力のレベルの高さに驚かされるはずである。

伊丹敬之

『経営戦略の論理――ダイナミック適合と不均衡ダイナミズム 第4版』

（日本経済新聞出版社、２０１２年）

経営資源観、とりわけ多角化・成長の源泉としての経営資源という視点を強調した経営戦略論の古典。背後の論理を追いかけていくと、非常に体系的に概念整理がされていることを理解できる。簡単にも読めるが、深く読む価値がある。

三枝匡

『戦略プロフェッショナル――シェア逆転の企業変革ドラマ』

（日本経済新聞社、２００２年）

日本におけるプロ経営者の第一人者が戦略の体系をコンパクトにまとめた名著。通常の教科書的な記述とは異なり、あたかも自分が登場人物の一人であるかのように物語に引き込まれながら読み進めるうちに、経営戦略の基本が理解されていく。

中野誠『**戦略的コーポレートファイナンス**』（日本経済新聞出版社、2016年）

経営財務に関して、どのようなトピックスがあるのか、またそれが一体どのような内容なのかを初学者にもわかりやすく書かれた優れた入門書。

加藤俊彦『**競争戦略**』（日本経済新聞出版社、2014年）

競争戦略について、わかりやすく解説したコンパクトな入門書。企業の競争戦略について、しっかり体系的に整理したい人向けの本。

安部修仁・伊藤元重『**吉野家の経済学**』（日本経済新聞社、2002年）

吉野家の経営がどれほど合理的な意思決定によって積み上げられているのかがわかる。消費者として食べているだけではわからない、供給側の驚くべき経営力・思考力を理解できる。

正垣泰彦『**サイゼリヤ　おいしいから売れるのではない、売れているのがおいしい料理だ**』（日本経済新聞出版社、2016年）

ペガサス・クラブ（渥美俊一）のチェーン展開の理論を吸収し、サイゼリヤの経営を構築してきた経営者の体系的な洞察の書。

坂根正弘『ダントツ経営──コマツが目指す「日本国籍グローバル企業」』（日本経済新聞出版社、２０１１年）

ＫＯＭＴＲＡＸを推進し、コマツの今日を築き上げた豪快な経営者の著作。ダイナミックな経営と広い視野の重要性が分かる。

カルロス・ゴーン&フィィリップ・リエス『カルロス・ゴーン経営を語る』（高野優訳、日本経済新聞社、２００５年）

プロ経営者の生涯と日産での変革について詳細に記述されている。これ一冊を真剣に読むことで、経営について大いに学ぶことができる。

クリス・アンダーソン『ロングテール──「売れない商品」を宝の山に変える新戦略』（篠森ゆりこ訳、早川書房、２０１４年）

今日のネットの世界におけるビジネス・モデルを考える上で不可欠な「ロングテール」概念が展開されている本。

田中一弘『「良心」から企業統治を考える──日本的経営の論理』（東洋経済新報社、２０１４年）

コーポレート・ガバナンスと呼ばれる問題を考えようと思ったら、株主主権側の本が多いが、本書を読むことで企業統治の問題が実は複雑だと理解することができる。

リチャード・P・ルメルト『良い戦略、悪い戦略』（村井章子訳、日本経済新聞社、２０１２年）

世界的に有名な経営戦略論の研究者である著者が、同時に豊富なコンサルティング経験も持ち、具体的な事例をベースとして経営戦略について本質的な議論を展開している。

参考文献

● Abegglen, James C.(1958)*The Japanese Factory: Aspects of its Social Organization, Glencoe*, IL: Free Press.（山岡洋一訳『日本の経営（新訳版）』日本経済新聞社、２００４年）。

●安部修仁・伊藤元重『吉野家の経済学』日本経済新聞社、２００２年。

● Anderson, Chris (2006) *The Long Tail: Why the Future of Business is Selling Less of More*, New York: Hyperion.（篠森ゆりこ訳『「売れない商品」を宝の山に変える新戦略』早川書房、２００６年）。

● Barney, Jay (2002) *Gaining and Sustaining Competitive Advantage* (2nd Edition),Upper Saddle River, NJ: Prentice Hall.（岡田正大訳『企業戦略論（上）（中）（下）』ダイヤモンド社、２００３年）。

● Brandenburger, Adam M., and Barry J. Nalebuff（1996）*Co-opetition*, New York, NY: Currency.（嶋津祐一訳『ゲーム理論で勝つ経営—競争と協調のコーペティション戦略』日本経済新聞社、２００３年）。

●「カメラ激変」（『週刊ダイヤモンド』２０１３年９月22日、pp. 28-63）。

● Chandler, Alfred D.（1962）*Strategy and Structure: Chapters in the History of the American Industrial Enterprise*, Cambridge, MA: The MIT Press.（有賀裕子訳『組織は戦略に従う』ダイヤモンド社、２００４年）。

● Christensen, Clayton M.（1997）*The Innovator's Dilemma: When New Technologies Cause Great Firms to Fail*, Boston, MA: Harvard Business School Press.（伊豆原弓訳『イノベーションのジレンマ：技術革新が巨大企業を滅ぼすとき』翔泳社、２０００年）。

● Christensen, Clayton M., Matt Verlinden, and Geroge Westerman（2002）"Disruption, Disintegration and the Dissipation of Differentiability," *Industrial and Corporate Change*, Vol. 11, No. 5, pp. 955-993.

●富士フイルムホールディングス『イノベーションによる新たな価値の創造　富士フイルムの挑戦』２０１６年。

● Govindarajan, Vijay, and Chris Trimble（2012）*Reverse Innovation: Create Far from Home, Win Everywhere*, Boston, MA: Harvard

Business Review Press.（渡部典子訳『リバース・イノベーション：新興国の名もない企業が世界市場を支配するとき』ダイヤモンド社、２０１２年）。
● Hamel, Gary, and C. K. Prahalad（1994）*Competing for the Future*, Boston, MA: Harvard Business School Press.（一條和生訳『コア・コンピタンス経営：大競争時代を勝ち抜く戦略』日本経済新聞社、１９９５年）。
●伊丹敬之『新・経営戦略の論理：見えざる資産のダイナミズム』日本経済新聞社、１９８４年。
●伊丹敬之『人本主義企業：変わる経営変わらぬ原理』筑摩書房、１９８７年。
●神田正『熱烈 中華食堂日高屋：ラーメンが教えてくれた人生』開発社、２００９年。
● Lieberman, Marvin B., and David B. Montgomery（1988）"First-Mover Advantages," *Strategic Management Journal*, Vol. 9, Special Issue: Strategy Content Research, Summer, pp. 41-58.
● McAfee, R. Preston（2002）*Competitive Solutions: The Strategist's Toolkit*, Princeton, NJ: Princeton University Press.
●「ミラーレスはパンドラの箱：カメラに訪れた大変革」（『日経エレクトロニクス』２０１２年2月20日、pp. 31-55）。
●宮本聡治「第5章　ネット通販の普及による利益ポテンシャルの変化：宅配便業界」（沼上幹・一橋ＭＢＡ 戦略ワークショップ編著『一橋ＭＢＡ 戦略ケースブック』東洋経済新報社、２０１５年、pp 167-197）。
● Montogomery, Cynthia A., and Birger Wernerfelt（1988）"Diversification, Ricardian Rents, and Tobin's *q*," *The Rand Journal of Economics*, Vol. 19, No. 4, pp. 623-632.
●新津泰昭「ＩＣＴ システムを活用したサービスの提供と付加価値の創出：コマツのサービスを事例として」（『一橋研究』38（3）、２０１４年、pp.1- 14）。
● Nonaka, Ikujiro, and Hirotaka Takeuchi（1995）*The Knowledge-Creating Company: How Japanese Companies Create the Dynamics of Innovation*, Oxford: Oxford University Press.（梅本勝博訳『知識創造企業』東洋経済新報社、１９９６年）。
●沼上幹『わかりやすいマーケティング戦略 新版』有斐閣、２００８年。
●沼上幹『経営戦略の思考法：時間展開・相互作用・ダイナミクス』日本経済新聞社、２００９年。
●沼上幹・一橋ＭＢＡ戦略ワークショップ編著『戦略分析ケースブック』東洋経済新報社、２０１１年。

●沼上幹・一橋MBA戦略ワークショップ編著『戦略分析ケースブック　Vol.2』東洋経済新報社、2012年。
●沼上幹・一橋MBA戦略ワークショップ編著『戦略分析ケースブック　Vol.3』東洋経済新報社、2013年。
●沼上幹・一橋MBA戦略ワークショップ編著『一橋MBA戦略ケースブック』東洋経済新報社、2015年。
●沼上幹「私の経営戦略」(『Fole』2013年2月号 vol.125、みずほ総合研究所、2013年)。
●沼上幹「私の経営戦略」(『Fole』2013年4月号 vol.127、みずほ総合研究所、2013年)。
●沼上幹「私の経営戦略」(『Fole』2013年6月号 vol.129、みずほ総合研究所、2013年)。
●沼上幹「私の経営戦略」(『Fole』2015年2月号 vol.149、みずほ総合研究所、2015年)。
●沼上幹「私の経営戦略」(『Fole』2015年3月号 vol.150、みずほ総合研究所、2015年)。
●沼上幹「私の経営戦略」(『Fole』2015年4月号 vol.151、みずほ総合研究所、2015年)。
●沼上幹「私の経営戦略」(『Fole』2016年4月号 vol.163、みずほ総合研究所、2016年)。
●小倉昌男『小倉昌男　経営学』日経BP社、1999年。
●Porter, Michael E. (1980) *Competitive Strategy*, New York, NY: Free Press.（土岐坤・服部照夫・中辻万治訳『競争の戦略』ダイヤモンド社、2002年）。
●Porter, Michael E. (1985) *Competitive Advantage: Creating and Sustaining Superior Performance*, New York, NY: Free Press.（土岐坤・中辻万治・小野寺武夫訳『競争優位の戦略：いかに高業績を持続させるか』ダイヤモンド社、1985年）。
●Rumelt, Richard P. (2011) *Good Strategy, Bad Strategy: The Difference and Why It Matters*, London: Profile Books.（村井章子訳『良い戦略、悪い戦略』日本経済新聞出版社、2012年）。
●三枝匡『戦略プロフェッショナル：競争逆転のドラマ』ダイヤモンド社、1991年。
●坂根正弘『ダントツ経営：コマツが目指す「日本国籍グローバル企業」』日本経済新聞社、2011年。
●澤田直宏「関連多角化戦略の限界に関する考察：ビジネスモデルとの整合性の観点から」一橋大学大学院商学研究科博士論文、2012年。
●Schumpeter, J. A. (1934) *The Theory of Economic Development*, Cambridge, MA: Harvard University Press.（塩野谷祐一・中山

伊知郎・東畑精一訳『経済発展の理論：企業者利潤・資本・信用・利子および景気の回転に関する一研究（上）（下）』岩波書店、１９７７年）。
●「ソニー　ミラーレス一眼『α7』」（『日本経済新聞』２０１３年11月15日、p.9）。
●「ソニー転生：イメージングで拓く」（『日経産業新聞』２０１５年11月25日、p.1）。
●高橋諒「駐車場管理・運営市場におけるニッチャーのビジネス・モデル分析」沼上幹・一橋ＭＢＡ戦略ワークショップ『戦略分析ケースブック　Vol.3』東洋経済新報社、２０１３年。
●Teece, David J., Gary Pisano, and Amy Shuen（1997）“Dynamic Capabilities and Strategic Management,” *Strategic Management Journal*, Vol. 18, No. 7, pp. 509-533.
●戸田顕司『吉野家　安部修仁　逆境の経営学』日経ＢＰ社、２００７年。
●Weick, Karl E.（1979）*The Social Psychology of Organizing 2nd Ed.*, Reading, MA: Addison-Wesley.（遠田雄志訳『組織化の社会心理学』文眞堂、１９９７年）。

［欧文］

索　　引

（＊は人名）

［著者］

沼上 幹（ぬまがみ つよし）

1960年　静岡県生まれ。

1985年　一橋大学大学院商学研究科修士課程修了。

1988年　一橋大学大学院商学研究科博士後期課程単位取得退学の上、成城大学経済学部専任講師。91年から一橋大学商学部産業経営研究所専任講師、同助教授、一橋大学商学部助教授を経て、

現　在　一橋大学大学院商学研究科教授／国立大学法人一橋大学理事・副学長。ミスミグループ本社社外取締役。

主　著　『一橋MBA戦略ケースブック』東洋経済新報社、2015年

『わかりやすいマーケティング戦略 新版』有斐閣、2008年

『組織戦略の考え方―企業経営の健全性のために』筑摩書房、2003年

［編集］　室谷明津子

株式会社桂樹社グループ（狩生有希）

［本文デザイン］　宗利淳一

［協力（50音順）］

株式会社幸楽苑ホールディングス、株式会社小松製作所、 株式会社すかいらーく、株式会社ストライプインターナショナル、ソニー株式会社、TOTO株式会社、パーク24株式会社、株式会社ハイデイ日高、パナソニック株式会社、富士重工業株式会社、富士フイルムホールディングス株式会社、ヤマトホールディングス株式会社

シリーズ・ケースで読み解く経営学 1

ゼロからの経営戦略

2016年 12月5日　初版第1刷発行　〈検印省略〉

2023年　3月30日　初版第7刷発行

定価はカバーに表示しています

著　者　沼　上　幹

発行者　杉　田　啓　三

印刷者　和　田　和　二

発行所　株式会社　ミネルヴァ書房

607-8494　京都市山科区日ノ岡堤谷町1

電話代表（075）581-5191

振替口座 01020-0-8076

平河工業社

ISBN978-4-623-07832-5

Printed in Japan